Magische
Sprüche –
Hexereien
zum
Wohlfühlen

Magische Sprüche – Hexereien zum Wohlfühlen

Über 40 Zaubersprüche und Glücksbringer steigern das körperliche, seelische und geistige Wohlbefinden

Marian Green

Bassermann

E. R.

ISBN-10: 3-8094-2004-2
ISBN-13: 978-3-8094-2004-0

Originaltitel: The Book of Spells II

Fotos: Will White
Kunstredaktion und Design: Julie Francis
Frisuren: Lindsay Phillips
Zeichnungen: Elsa Godfrey
Übersetzung: Berliner Buchwerkstatt, Martin Rometsch
Redaktion: Berliner Buchwerkstatt, Vera Olbricht
Layout: Berliner Buchwerkstatt, Britta Dieterle
Herstellung: Sonja Storz

111 960 102 X 817 2635 4453 6271

Inhalt

Elementare Magie

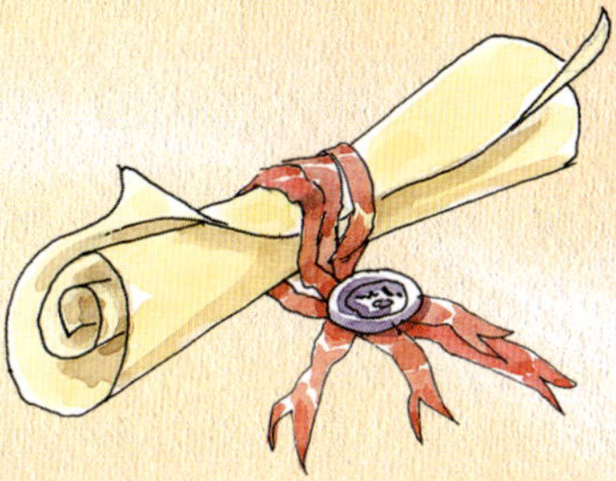

Die Macht der Planeten

Inhalt

Küchenhexerei

Traumgespinste

Register

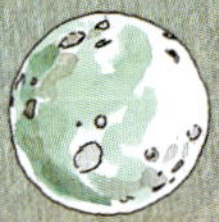

Einleitung

Magie und Hexerei sind so alt wie die Menschheit.
Sie benutzen Zaubersprüche, Talismane und Amulette,
um Unglück abzuwenden und das Glück anzulocken.

Die ältesten Aufzeichnungen enthalten Gebete und magische Sprüche – Hilferufe an die Götter –, Heilkräuterrezepte und astronomische Beobachtungen. Dieses Erbe wäre längst untergegangen, wenn es nutzlos wäre. Heute verstehen wir den menschlichen Geist besser. Wir wissen, dass Entspannung die Kreativität fördert und dass Träume Probleme lösen können. Die moderne Zauberei verbindet dieses Wissen mit den alten Überlieferungen, um magische Kräfte zu nutzen und Wünsche wahr werden zu lassen.

Die Symbolik der sieben alten Planeten

Die sieben klassischen Planeten werden heute noch als magische Symbole verwendet. Die folgende Tabelle listet ihre Eigenschaften auf.

PLANET	TAG	METALL	FARBE	DUFT
Sonne	Sonntag	Gold	Gelb	Weihrauch
Mond	Montag	Silber	Weiß/Violett	Jasmin
Mars	Dienstag	Eisen	Rot	Tabak
Merkur	Mittwoch	Quecksilber	Orange	Kopal
Jupiter	Donnerstag	Zinn	Blau	Zeder
Venus	Freitag	Kupfer	Grün	Rose
Saturn	Samstag	Blei	Schwarz	Myrrhe

Die Utensilien

Manche uralten Utensilien und Methoden werden heute noch verwendet und angewendet. Einen Zauberspruch kann man feierlich sprechen, singen oder schreiben. Er ist eine einfache Form der Magie und wird oft mit Symbolen und Riten verbunden, um etwas zu erreichen oder eine höhere Macht anzurufen.

Talismane bestehen aus Edelsteinen und Edelmetall mit einem eingravierten Zauberspruch. Damit sie wirken, spricht man bei der Herstellung magische Formeln.

Amulette sind uralt; sie sollen Menschen oder Dinge schützen, und ihre Form erinnert oft an das wachsame und schützende Auge Gottes. Zaubersprüche werden auch als Objekte angesehen, die Glück bringen sollen. Auch viele andere Objekte gelten als Glücksbringer, zum Beispiel Steine, Pflanzen, Heil- und Zauberkräuter. In farbige Seide gewickelt, sind sie noch wirksamer.

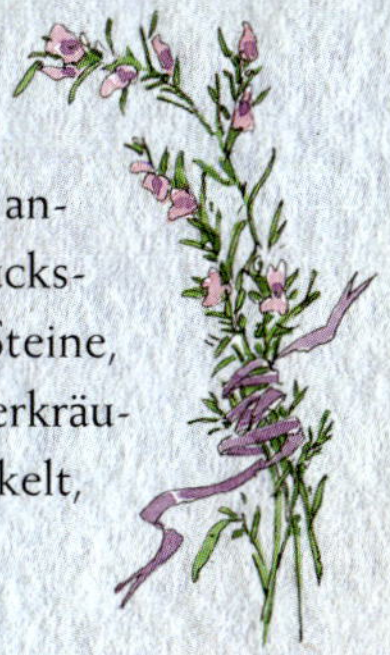

Symbole

Mit Zaubersprüchen und Symbolen sprechen wir innere Kräfte, aber auch Engel und Götter an, damit sie uns helfen. Jede Tradition hat ihre Symbole, die man verstehen muss, ehe man sie benutzt. Farben, Düfte und Metalle richten sich nach dem gewünschten Ergebnis oder nach der angerufenen Macht (siehe Tabelle).

STEIN	ZAHL	TIERKREIS-ZEICHEN	RÖMISCHE GOTTHEIT	GRIECHISCHE GOTTHEIT
Diamant	6	Löwe	Helios	Apollon
Mondstein	9	Krebs	Diana	Artemis
Blutstein	5	Widder/Skorpion	Mars	Ares
Agat	8	Zwillinge/Jungfrau	Merkur	Hermes
Saphir	4	Schütze/Fische	Jupiter	Zeus
Smaragd	7	Waage/Stier	Venus	Aphrodite
Gagat/Opal	3	Steinbock/Wassermann	Saturn	Chronos

Zaubersprüche

Die Sprüche in diesem Buch basieren auf Farben, Düften, Zahlen, Stoffen und Symbolen, verbunden nach uralten Regeln. Zu jedem Spruch nenne ich die Utensilien, das die Worte verstärkt, wie bunte Kerzen, Bänder, Weihrauch und andere. Befolgen Sie die Anweisungen genau. Es dauert viele Jahre, die alten Regeln zu erlernen; darum habe ich alte Sprüche vereinfacht und modernisiert, damit sie wirksam und ungefährlich sind. Bevor Sie zaubern, müssen Sie folgende Punkte beachten:

- Überlegen Sie genau, was Sie sagen, und nehmen Sie nur einen Spruch für ein Ziel. Sie können jeden Spruch verwenden, der niemandem schadet. Aber Sie müssen wissen, was Sie wollen und wie Sie es am besten erreichen.
- Magie erfüllt Wünsche, befriedigt aber nicht Gier. Sie bringt Glück, aber kein Geld.
- Die Sprüche wirken nur bei Ihnen. Wer versucht, andere zu beeinflussen – auch aus edlen Motiven – betreibt schwarze Magie.
- Zaubersprüche wirken nur, wenn man sie konzentriert spricht oder singt – und sie nehmen alles wörtlich.
- Sie nutzen dabei die Macht des konzentrierten und geübten Geistes, um Aspekte Ihres Lebens und Ihrer Umwelt zu transformieren. Sind Sie für diesen Wandel bereit?

- Sie können allein oder in einer Gruppe zaubern, aber nur, wenn alle dasselbe Ziel haben.

- Vergessen Sie den Zauberspruch, nachdem Sie ihn gesprochen haben. Vernichten Sie ihn mit Feuer und Wasser, sobald er gewirkt hat.

- Sprechen Sie immer nur einen Spruch. Es kann zwischen drei Tagen und einem Mondmonat dauern, bis er wirkt. Erst dann sollten Sie wieder zaubern.

- Dieses verborgene, meist universelle Wissen wirkt überall auf der Welt.

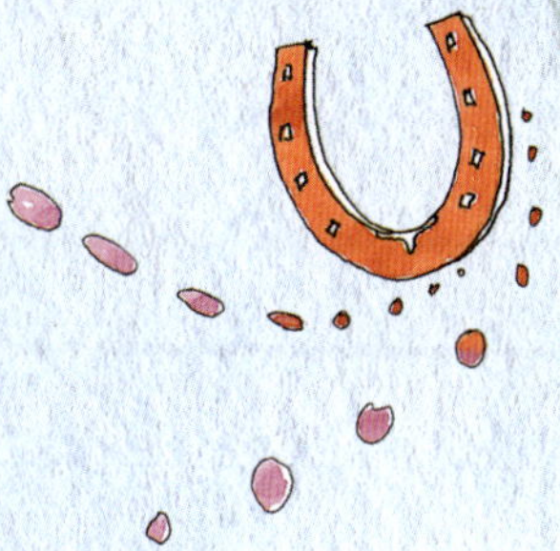

Die Grundlagen der Magie

Richtig angewandt, ist Magie eine reale, wirksame Kraft. Wie die Elektrizität ist sie schwer zu erklären, aber mit etwas Geduld und Vernunft kann jeder mit ihr sein Leben ändern. Sie brauchen nicht an die alten Götter zu glauben. Aber es gibt Kräfte im Universum, die Ihnen helfen können. Das sollten Sie akzeptieren, auch ohne es zu verstehen.

Die meisten Hexen und Magier arbeiten nach eigenen Methoden, die sie im Laufe von Jahren entwickelt haben, um Probleme – auch für andere – zu lösen. Ich habe die Zaubersprüche in diesem Buch für jene Leser vereinfacht, die nicht über eine jahrelange Erfahrung verfügen. Wenn Sie weiter fortgeschritten sind, wissen Sie, wie Sie die Sprüche ändern, erweitern und persönlicher gestalten können, sodass sie Ihren Ansprüchen genügen.

Alle Anfänger sollten die folgenden Grundübungen machen, um ihre inneren Kräfte zu erwecken. Auf diese Weise können Sie die Wirkung Ihrer Magie erheblich steigern.

Konzentration

Beim Zaubern dürfen Sie sich nicht ablenken lassen. Konzentration ist unerlässlich, einerlei, ob Sie kurz meditieren oder ein langes, komplexes Ritual planen. Dadurch senden Sie den Kräften, die Sie anrufen, eine klare, eindeutige Botschaft. Eine nützliche Übung besteht darin, sich eine oder zwei Minuten auf den Sekundenzeiger einer Armbanduhr oder auf die wechselnden Zahlen einer Digitaluhr zu konzentrieren. Sie können diese Übung machen, während Sie auf einen Zug warten, denn jeder Bahnhof hat eine große Uhr. Es ist überraschend schwierig!

Meditation

Meditation

Meditation ist eine Form mit dem Unterbewusstsein zu kommunizieren.

Sie erfordert einen entspannten Körper und einen wachen Geist und kann nur stattfinden, wenn man bewusst zwischen verschiedenen Bewusstseinsebenen wählen kann. Meditation befördert Antworten auf Fragen, gibt zusätzliche Informationen oder Erkenntnisse an unser Bewusstsein weiter. Meditation ist ein passiver körperlicher Zustand, der Gedanken und Ideen ganz spontan aufkommen lässt, anders jedoch als bei der Visualisierung.

Setzen Sie sich aufrecht und entspannt hin. Hören Sie keine Musik. Schließen Sie die Augen und konzentrieren Sie sich auf Ihren Atem, atmen Sie langsam und tief. Kommen Sie zur Ruhe und lassen Sie störende Gedanken einfach vorbeiziehen. Sie haben über alles die Kontrolle. Sobald Sie bereit sind, konzentrieren Sie sich auf ein Problem, ein Wort, ein Symbol oder einen Text. Lassen Sie die Gedanken um dieses Thema kreisen und verfolgen Sie die Fortschritte. Wenn Sie abschweifen, führen Sie die Gedanken sanft zum Thema zurück. Allmählich beruhigt sich der Geist, und neue Ideen fließen Ihnen zu. Anfangs sollten Sie nicht länger als zehn Minuten meditieren. Diese Zeitspanne können Sie nach und nach auf maximal 30 Minuten ausdehnen.

Schöpferisches Visualisieren

Wenn Sie Ihr Ziel klar vor dem geistigen Auge sehen, haben Sie eine wichtige Voraussetzung der Magie erfüllt. Das ist ein aktiver Vorgang, bei dem der Körper entspannt, der Geist jedoch hellwach ist. Setzen Sie sich aufrecht hin und entspannen Sie den Hals und die Schultern. Auch der Kopf bleibt gerade, damit Sie tief atmen können und nicht zusammensacken. Konzentrieren Sie sich auf ein Bild oder, wenn Sie nicht visuell veranlagt sind, auf die damit verbundenen Gefühle. Nutzen Sie Ihre Phantasie und »malen« Sie Farben, Formen, die Atmosphäre, Landschaften und so weiter. Dabei können Ihnen Bücher mit sehr lebhaften Schilderungen helfen, bei denen Sie sich in die Handlung einbezogen fühlen.

Eine persönliche Anmerkung

Ich hatte das Glück, auf dem Land aufzuwachsen. Dort verwendeten viele Leute noch die traditionellen Kräuter und magischen Künste. Sie lehrten mich die Macht der Planeten und Pflanzen, der Elemente – Erde, Wasser, Feuer, Luft – und vieles andere. Zaubersprüche wurden immer einmalig und ganz individuell auf die jeweilige Situation abgestimmt. Ich habe über vierzig Jahre lang studiert und geforscht und mich von Hexen, Magiern und klugen Menschen auf dem Lande unterweisen lassen.

Darum sind die Zaubersprüche in diesem Buch wirksam, wenn Sie sie ernst nehmen und wenn Sie anerkennen, dass sie nur ein winziger Teil einer umfangreichen, uralten und magischen Überlieferung sind.

Marian Green

Schöpferisches Visualisieren

Ihre persönliche Magie

Ein einfaches magisches Ritual
weckt Ihre inneren Kräfte.

Sie brauchen

Eine grüne Kerze

Ein neues Foto von Ihnen

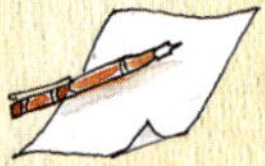

Papier und Füller

Einen roten Umschlag

Über dem Eingang des Orakels zu Delphi und vieler Tempel im alten Griechenland standen die Worte »Erkenne dich selbst«. Der folgende Zauber kann Ihr erster Schritt zu diesem Ziel sein. Sie analysieren Ihre Erfolge und Niederlagen und ändern Ihr Leben zum Besseren. Dafür brauchen Sie etwas Geduld und viel Ehrlichkeit – aber es lohnt sich!

Das Ritual

Zünden Sie eine grüne Kerze an und betrachten Sie in ihrem Licht ganz genau ein neues Foto von Ihnen. Sobald Sie sich darauf eingestimmt haben, falten Sie ein Blatt Papier der Länge nach. Notieren Sie nun auf der linken Hälfte alles, was Sie schon immer gerne tun wollten. Haben Sie es getan oder nicht? Rechts schreiben Sie auf, was Ihnen misslungen ist und warum. Wenn die Liste vollständig ist, schildern Sie Ihrem Foto, wie gut Sie es gemacht haben, trotz des Scheiterns. Seien Sie positiv. Wählen Sie einen unerfüllten Wunsch aus und versprechen Sie, dass Sie sofort den ersten Schritt zur Verwirklichung tun werden. Löschen Sie dann die Kerze. Falten Sie das Blatt um das Foto herum, legen Sie beide in einen roten Umschlag und verstecken Sie diesen einen Monat lang in einer Schublade. Wiederholen Sie diese Magie oft.

Die Landkarte Ihres Lebens

Zeichnen Sie eine Landkarte Ihres Lebens. So erhalten Sie ein symbolisches Muster, das wertvolle Einsichten vermittelt.

Sie brauchen

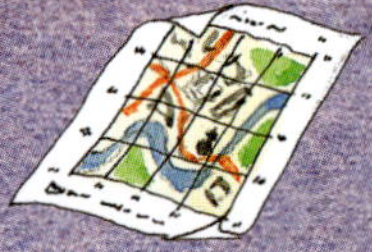

Eine Landkarte Ihrer Umgebung

Eine Uhr oder Armbanduhr

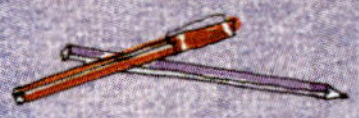

Zwei Stifte in verschiedenen Farben

Der Ort, den wir Heimat nennen, bedeutet uns viel, und oft hat er unser Wesen entscheidend geprägt. Für diese Magie brauchen Sie eine Landkarte der näheren Umgebung, auf die Sie eine symbolische Lebenskarte zeichnen. Wenn Sie alle Orte markieren, die in Ihrem Leben eine wichtige Rolle spielen, und sich selbst in die Mitte stellen, erhalten Sie ein gutes Bild Ihres Platzes in der Welt, und Ihre Erfolgsaussichten im Leben verbessern sich.

Das Ritual

Legen Sie die Landkarte auf eine ebene Unterlage. Verbringen Sie genau 15 Minuten damit, Ihr »Lebensmuster« auf die Karte zu zeichnen, indem Sie wichtige Orte (Schule, Arbeitsstätten und Wohnungen Ihrer Familie und Ihrer Freunde) markieren. Zeichnen Sie sich selbst in der Mitte der Karte ein, und verbinden Sie jeden Ort durch eine farbige Linie mit sich. Dann ziehen Sie Linien in einer anderen Farbe von Ihrem Platz zu den Orten, die Sie an schwierige oder Angst erregende Menschen oder Situationen erinnern. Nach Ablauf der Viertelstunde beenden Sie das Ganze und betrachten die Zeichnung.
Nutzen Sie aufblitzende Einsichten, um die Herausforderungen Ihres Lebens besser zu bewältigen.

Forêt de Soulaines
Bois de Ville
Bois de Chantecoq
La Chaise
Bourbonne
Etang de Ramerupt
Bois de Pute-Bêle
Etang de Laborde
Vernonvilliers
Petit-Mesnil
Eclance
Beaulieu
Trannes
Bossancourt
Jessains
Maison Neuve
Arsonval
Montier-en-l'Isle
Bois de Courgain
Ailleville
Dolancourt
Jaucourt
Arganςon
La Forêt
Gagnage
Vauchonvilliers
le Chanet
Maison-des-Champs
Proverville
Fravaux
Spoy
Magny-Fouchard
Nuisement
Meurville
Couvignon
le Val Perdu
Bois de Pimeux
Bergères
Barramont
Urville
Fontaine
Bar-s-Aube
Aube
Belroy
Bayel
la Belle Idée
Baroville
la Bretonnière
Arconville
Fravaux
Lignol-le-Château
Rouvres-les-Vignes
Colombé-le-Sec
Colombé-la-Fosse
Voigny
Arrentières
Engente
Fresnay
Bois de Beauregard
Maisons-lès-Soulaines
Saulcy
Thors
Bois de Hontelle
Beurville
Blinfey
Villiers

Der verborgene Pfad

Damit ein Zauber wirkt, müssen Sie Kontakt mit der anderen Welt aufnehmen. Das gelingt nur bei innerer Stille.

Sie brauchen

Ein Räucherstäbchen (jeder Duft ist geeignet)

Eine Kerze

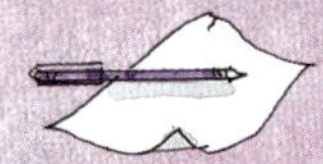

Papier und Füller

Hexen und Zauberer akzeptieren die Existenz der »anderen Welt« und wissen, dass sie die Heimat der Magie ist. Einfache Übungen helfen Ihnen, den Geist zu öffnen und sich auf die Welt der Magie einzustimmen. Dafür brauchen Sie Konzentration, Geduld und Übung. Diese Übungen sind für die meisten Menschen notwendig, die mit der anderen Welt Kontakt aufnehmen wollen. Das folgende Ritual versetzt Sie in eine magische Stimmung.

Das Ritual

Sorgen Sie dafür, dass Sie 30 Minuten lang nicht gestört werden. Zünden Sie ein Räucherstäbchen und eine Kerze an und setzen Sie sich aufrecht auf einen Stuhl. Die Füße stehen flach auf dem Boden. Stellen Sie sich vor, wie der Duft und das Licht des Räucherstäbchens und der Kerze Sie einhüllen und einen unsichtbaren heiligen Kreis bilden, der Sie schützt. Schließen Sie die Augen, atmen Sie langsam und tief. Entspannen Sie sich beim Ausatmen und konzentrieren Sie sich auf den Rhythmus der Atmung beim Einatmen. Visualisieren Sie einen schönen Ort, versetzen Sie sich dorthin. Spüren Sie die Luft, riechen Sie die Düfte, berühren Sie den Boden, hören Sie die angenehmen Laute. Bald werden Sie ganz ruhig, und eine neue, magische Welt öffnet sich Ihnen. Öffnen Sie die Augen und notieren Sie Ihre Eindrücke und Gefühle. Diese Notizen helfen Ihnen, sich beim nächsten Mal schneller zu entspannen.

KAPITEL
I

Elementare Magie

Die Elemente Erde, Wasser, Feuer, Luft und Äther sind die Grundlage der meisten magischen Rituale. Sie werden oft den vier Himmelsrichtungen zugeordnet, wobei der Äther die Mitte bildet. Allerdings ordnen die einzelnen magischen Traditionen die Elemente unterschiedlich an. Bei jedem der folgenden Zaubersprüche benutzen Sie elementare Energien, um bestimmte Lebensbereiche zu ändern. Sind Sie für diese Änderungen bereit?

Die Grundlagen der Magie

Alte und moderne Magier halten die Ausgewogenheit der Elemente für wichtig, damit Zaubersprüche wirken. Die fünf Elemente sind verschiedenen Aspekten des Lebens zugeordnet: die Erde der materiellen Welt und praktischen Dingen, das Wasser den Gefühlen, das Feuer der Energie und der Begeisterung, die Luft dem Intellekt und den Ideen, der Äther der Lebenskraft.

Symbole der Elemente

Die Elemente Erde, Wasser, Feuer und Luft werden oft an den Rand eines magischen Kreises gestellt, um die Kraft der Zaubersprüche zu steigern. Die folgenden Vorbereitungen verbessern außerdem Ihre Konzentration; aber sie sind für die Zaubersprüche in diesem Buch nicht unbedingt notwendig. Nehmen Sie Steine, Erde oder Felsbrocken, um das Element Erde zu symbolisieren. Wasser holen Sie am besten aus einer Quelle, aber Regenwasser oder Mineralwasser ist ebenfalls geeignet. Kerzen sind das Symbol des Feuers und des »göttlichen Lichtes«, das die Magie wirksam macht. Sie können

Die Elemente Feuer, Luft, Erde und Wasser

Ein magischer Kreis

Kerzen jeder Form und Größe benutzen. Achten Sie aber darauf, dass sie nicht in Zugluft stehen und nicht umfallen können. Wenn Sie im Freien sind, stellen Sie die Kerzen in Gläser. Die in den Sprüchen erwähnte Farbe der Kerze ist wichtig; aber eine weiße Kerze in einem roten Halter ist zum Beispiel ein brauchbarer Ersatz für eine rote Kerze. Löschen Sie immer die Kerzen, wenn Sie das Zimmer verlassen.

Die Idee, Räucherwerk zu verbrennen, um das Element Luft zu symbolisieren, ist sehr alt. Man glaubte, der Rauch trage den Zauberspruch nach oben zu den Göttern und Engeln. Zum Verbrennen eignen sich getrocknete Kräuter wie Rosmarin, Thymian und Basilikum, aber auch Lavendel-, Rosen- oder Jasminblüten. Manche Leute ziehen Duftöle und ein Räuchergefäß vor, weil dabei kein Rauch entsteht.

Wofür Sie sich auch immer entscheiden, probieren Sie es zuerst aus – vielleicht löst ein bestimmter Duft bei Ihnen Unwohlsein aus.

Die Vorbereitung

Bereiten Sie ein magisches Ritual gut vor. Suchen Sie zunächst sorgfältig die Kerzen und die anderen notwendigen Dinge aus, auch die Symbole, die Sie benutzen wollen. Schaffen Sie für Ihr Vorhaben Platz. Formen Sie einen magischen Kreis, indem Sie die Elemente an die Kompasspunkte stellen (siehe Der Geist des heiligen Ortes Seite 32). Dieses Ritual fördert die Konzentration und vertreibt unerwünschte Einflüsse.

Das Element der Überraschung

Magie wirkt nicht immer so, wie Sie es erwarten, weil sie von den uns vertrauten Dimensionen der Zeit und des Raumes unabhängig ist. Seien Sie also auf Überraschungen gefasst. Jeder kann aber mit Hilfe der Magie positive Veränderungen in seinem Leben herbeiführen.

Die Magie der Erde

Die Magie stützt sich auf die Macht der vier Elemente, und die Erde ist das wichtigste von ihnen. Sie ist das Element der Stabilität.

Sie brauchen

Ein quadratisches dickes Blatt Papier

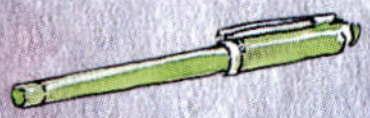

Einen grünen, gelben oder braunen Stift

Vier Steine aus der Natur (Garten, Strand, Wald usw.)

Eine Knolle oder einen großen Samen (z. B. Ahorn, Sonnenblume, Kürbis)

Viele unserer Ziele brauchen ein festes Fundament. Alles, was »auf Sand gebaut« ist, stürzt mit der Zeit zusammen. Das gilt nicht nur für die Arbeit zu Hause und im Beruf, sondern auch für Beziehungen aller Art. Dieser Zauberspruch nutzt Symbole des Elements Erde, um Ihrem Projekt oder Ihrer Beziehung eine solide Grundlage und günstige Wachstumsbedingungen zu verschaffen.

Das Ritual

Am besten halten Sie dieses Ritual im Freien ab; aber es wirkt auch im Haus. Wählen Sie ein Projekt oder eine Beziehung aus, die ein starkes Fundament braucht. Legen Sie ein quadratisches Blatt Papier auf den Boden und schreiben Sie Ihr Ziel mit grüner, gelber oder brauner Tinte darauf. Drehen Sie das Papier um und zeichnen Sie von der Mitte aus im Uhrzeigersinn eine Spirale in der gleichen Farbe darauf, bis Sie den Rand erreichen. Konzentrieren Sie sich dabei auf das Ziel. Legen Sie auf jede Ecke des Papiers einen Stein und in die Mitte eine Knolle oder einen großen Samen. Visualisieren Sie, wie daraus eine Pflanze wächst. Wenn Ihnen das schwer fällt, bitten Sie Mutter Natur um Hilfe. Nachdem Sie den Zauber aktiviert haben, entfernen Sie die Steine und die Knolle und vergraben sie. Falten Sie das Papier zu einem kleinen Quadrat, verstecken Sie es und warten Sie auf den Erfolg.

Die Magie des Wassers

Gefühle, die traditionell durch Wasser symbolisiert werden, spielen bei der Magie eine wichtige Rolle.

Sie brauchen

Ein grünes oder blaues Tuch

Eine gläserne Schale

Natürliches Wasser (Quell-, Regen- oder Meerwasser)

Einen Kompass

Ein paar Blütenblätter

Damit ein Zauberspruch wirkt, müssen Sie bereit sein, seine Energien zu empfangen. Mit anderen Worten: Wenn Ihr Ziel Ihnen nicht sehr am Herzen liegt, haben Sie wahrscheinlich keinen Erfolg. Wasser, das seit langem mit den Gefühlen assoziiert wird, hilft Ihnen, sich auf Ihre tiefsten Gefühle einzustimmen und sich der Macht der Magie zu öffnen.
Wenn Sie Wasser betrachten, das sich in einer Schale oder in der Natur befindet, bringen Sie Ihre Gefühle an die Oberfläche und verstärken dadurch Ihre Magie.

Das Ritual

Legen Sie ein grünes oder blaues Tuch auf den Tisch und stellen Sie eine Glasschale in die Mitte. Tauchen Sie zwei Finger ins Wasser und denken Sie daran, dass auch Ihr Körper zum größten Teil aus Wasser besteht. Berühren Sie die Stirn mit den feuchten Fingern und spritzen Sie dann ein paar Tropfen nach Norden, Süden, Osten und Westen. Streuen Sie einige Blütenblätter auf das Wasser und betrachten Sie diese. Denken Sie an etwas Positives, zum Beispiel an die Liebe Ihrer Angehörigen. Spüren Sie die Kraft dieser Gefühle; weinen Sie, wenn Sie wollen. Sagen Sie dann:

»Ich sende die Liebe in meinem Herzen hinaus in die Welt.«

Danach fühlen Sie sich erleichtert. Gießen Sie das Wasser im Freien auf die Erde.

Die Magie des Feuers

Dieser Zauberspruch verstärkt
jeden anderen Spruch.

Sie brauchen

Ihr Lieblingsduftöl

Eine rote Kerze

Das Feuer, sei es in Form einer brennenden Kerze, eines Lagerfeuers oder eines Herdfeuers, hat den Menschen seit Jahrtausenden mit Licht und Energie versorgt. Ein Ritual in der Dunkelheit bei Kerzenschein kann die Magie verstärken. Echtes Feuer gibt einem Zauberspruch Kraft; aber auch Dinge in Flammenfarben – zum Beispiel goldfarbene Blumen oder Stoffe oder eine Lampe mit kerzenförmiger Glühbirne – sind ebenfalls wirksam (und sicherer). Dieser Zauberspruch befördert die Kraft des Feuers als Energie für den Erfolg.

Das Ritual

Arbeiten Sie in einem Raum ohne Zugluft. Befeuchten Sie einen Finger mit Duftöl und streichen Sie damit von der Basis zum Docht über eine Kerze. Berühren Sie aber nicht den Docht. Stellen Sie die Kerze auf einen sicheren Halter und sagen Sie:

»Lebendiges Licht in der Kerzenflamme, ich gebe dir einen Namen. Bitte sei mein Freund und gib mir eine Antwort. Ich nenne dich ...«
(Geben Sie der Flamme einen Namen).

Zünden Sie die Kerze an, und sprechen Sie zu Ihr. Benutzen Sie den gewählten Namen. Vielleicht biegt sich die Flamme als Antwort auf Ihre Fragen. Wenn Sie die Fragen gestellt haben, danken Sie der Flamme und löschen sie. Bewahren Sie die Kerze für das nächste Mal auf – sie wird Ihnen wieder antworten.

Die inspirierende Luft

Die klare Luft hilft Ihnen, ein Problem zu lösen.

Sie brauchen

Papier und Bleistift

*Eine Duft-
lampe*

Ihr Lieblingsduftöl

Eine kleine Glocke oder ein Objekt aus Metall, das einen klaren Ton von sich gibt

Einen kleinen Fächer aus blauem Papier

Eine Feder

Düfte und Räucherwerk sind seit Jahrtausenden Bestandteil religiöser und magischer Riten. Räucherstäbchen, Weihrauch auf Holzkohle und Duftöle bringen Klarheit und fördern die Intuition und die Wahrnehmung. Unsere Atmung ist untrennbar mit dem Geruch verbunden. Bei der Magie sorgt rhythmisches Atmen für die Ruhe, die für den Erfolg so wichtig ist. Ein angenehmer Duft ist dabei sehr hilfreich. Der folgende Zauberspruch bringt Ihnen die geistige Klarheit, die Sie brauchen, um ein Problem zu lösen.

Das Ritual

Schreiben Sie das Problem auf ein Blatt Papier und legen Sie das Blatt unter eine Duftlampe, die Ihr Lieblingsduftöl enthält. Zünden Sie dann die Kerze der Duftlampe an. Setzen Sie sich, atmen Sie tief und langsam und entspannen Sie sich. Zählen Sie beim Einatmen bis vier, halten Sie den Atem bis vier an, atmen Sie bis vier aus und halten Sie erneut den Atem bis vier an. Wiederholen Sie das zehnmal. Zählen Sie so langsam oder schnell, wie Sie wollen, aber stets gleichmäßig. Denken Sie nun an ein Problem und schlagen Sie die Glocke oder ein Objekt aus Metall. Singen Sie dabei dreimal »Hilf mir!« Wedeln Sie den Rauch mit einem blauen Papierfächer von sich weg und beobachten Sie dabei seine Form. Bald sehen Sie ein Symbol als Antwort. Fahren Sie mit einer Feder durch den Rauch und tragen Sie sie bei sich, bis das Problem gelöst ist.

Der Geist des heiligen Ortes

Das fünfte Element ist der Äther oder Geist, oft durch eine Lampe oder Glaskugel symbolisiert. Sie müssen den Geist finden, um einen heiligen Ort für Ihre Magie zu schaffen.

Sie brauchen

Ein grünes Tuch

Einen Kompass

Einen Kieselstein

Eine kleine Schale mit Wasser

Eine rote Kerze

Räucherstäbchen mit blumigem Duft

Eine durchsichtige Glaskugel oder Murmel

Dieser Zauberspruch nutzt alle fünf Elemente, um einen sicheren und wirksamen »heiligen Ort« zu schaffen, nicht nur auf der Erde, sondern auch im Reich der Magie, wo der Geist der Magie Sie umgibt. An einem solchen Ort öffnen sich die inneren Sinne, und die Magie wird verstärkt.

Das Ritual

Stellen Sie einen kleinen Tisch in die Mitte des Zimmers und bedecken Sie ihn mit einem grünen Tuch. Legen Sie mit Hilfe eines Kompasses Symbole der Elemente darauf: den Stein in den Norden, das Wasser in den Westen, die brennende Kerze in den Süden und die brennenden Räucherstäbchen in den Osten. In die Mitte stellen Sie eine Glaskugel. Visualisieren Sie, wie die starke Energie der Erde Sie kräftigt, das Wasser des Ozeans Sie segnet, die Flamme Sie schützt, der wirbelnde Rauch Sie inspiriert und die Kugel des Geistes Sie erleuchtet. Legen Sie eine Hand auf den Stein und sagen Sie:

»Ich bin ein Kind der Erde,
aber mein Schicksal liegt jenseits des Sternenhimmels.
Ich will die andere Welt betreten,
damit meine Magie allen nutzt.
So soll es sein.«

Wenn Sie diese Kräfte spüren, danken Sie ihnen und räumen die Symbole weg. Jetzt haben Sie einen heiligen Platz.

KAPITEL
II

Die Macht der Planeten

Die ältesten schriftlich fixierten Zaubersprüche sind 5000 Jahre alt. Sie beschreiben die Energien der sieben alten Planeten und ihre Anwendung in der Magie. Jeder Planet – einerlei, ob wir ihn als personifizierten Gott oder als Energie betrachten – eignet sich für eine bestimmte Magie und einen bestimmten Lebensbereich.

Hilfe von den Planeten

Die Sonne regiert unser Sonnensystem und ist das Zentrum der Magie. Der Mond inspiriert Visionen, Mars gibt uns Energie, Merkur kommuniziert, Venus bringt Harmonie, Jupiter hilft im Beruf, und Saturn lehrt Geduld. Die später entdeckten Planeten Uranus, Neptun und Pluto helfen bei den modernen Fähigkeiten und der Technik.

Alt und Neu

Sonne, Mond, Merkur, Venus, Mars, Jupiter und Saturn werden seit Jahrtausenden beobachtet, und man ordnet ihnen Farben, Zahlen, Metalle und Einflüsse zu. Aus dem Blickwinkel der Magie heißen sie alle »Planeten«. Jeder dieser »klassischen« Planeten hat eine spezifische Wirkung auf bestimmte Bereiche des Lebens und der Magie. Die »neuen« Planeten beeinflussen die Informationstechnologie, die Kernkräfte, die Raumfahrt und die inneren Tiefen der Seele und des Geistes.

Himmlische Einflüsse

Es kann sehr nützlich sein, die Symbolik der einzelnen Planeten und ihre Farben, Düfte und Blumen in der Magie zu benutzen. Natürliche Substanzen wie Holz, Pflanzen, Steine oder Wolle sind wirksamer als künstliche. Als Faden können Sie Seide, Wolle oder Nähgarn verwenden. Bänder – breit oder schmal – können Sie auch selbst zuschneiden.

Jeder der »alten« Planeten ist einem Wochentag zugeordnet. Die hellen Strahlen der Sonne sind am Sonntag besonders stark. Die visionären Kräfte des Mondes regieren den Montag. Der Mars schützt den Dienstag und gibt uns Mut und

Entschlossenheit. Der Mittwoch ist die Domäne des reisenden Merkurs und daher gut für die Kommunikation. Der Donnerstag ist der Tag des Jupiters, der den Handel, den Beruf und den Wohlstand fördert. Venus regiert den Freitag und bringt Harmonie, Freude und Liebe. Der Saturn, der Großvater der Planeten, bietet uns seine uralte Weisheit am Samstag an.

Die Energie der Planeten

Ich arbeite seit über vierzig Jahren mit der Energie der Planeten und habe festgestellt, dass sie Veränderungen bewirken und Weisheit vermitteln können. Die Götter, die ihre Namen teilen, helfen uns, die planetaren Energien zu verstehen. Sie brauchen nicht an die alten Götter zu glauben, aber Sie sollten aufgeschlossen sein und akzeptieren, dass es im Universum Kräfte gibt, die uns im täglichen Leben helfen können. Die Planeten verdanken ihre Macht den Göttern, die ihnen den Namen gegeben haben. Jeder Planet hat uns etwas zu bieten.

Wir wissen, dass die Erde mit den anderen Planeten um die Sonne kreist und dass der Mond ihr Trabant ist. Dennoch gilt die Erde in der Astrologie als Mittelpunkt des Kosmos, den die anderen Planeten umkreisen. Auch Sie sind der Mittelpunkt, denn in der Esoterik ist jeder Mensch das Zentrum des Kosmos und kann von allem, was ihn umringt, Hilfe, Führung oder magische Kraft verlangen. Allerdings müssen Sie immer einen Preis dafür zahlen: Zeit, Energie, Hingabe, Respekt und letztlich Dank für das Empfangene.

Planetare Kräfte

Die Sonne gibt innere Kraft

Dieser Spruch stärkt das Selbstvertrauen durch die Macht der Sonne.

Sie brauchen

Einen sonnigen Tag

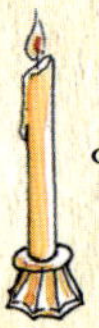

Eine goldfarbene Kerze

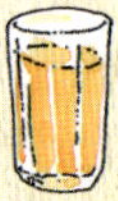

Ein Glas Orangensaft oder ein anderes goldfarbenes Getränk

Jeder Mensch ist das Zentrum seines Universums, so wie die Sonne der Mittelpunkt des solaren Systems ist. Sie ist die Quelle des Lebens auf der Erde und ein wichtiges Symbol in der Mythologie, der Kunst und der Literatur. Die Sonne symbolisiert Willenskraft und Lebensziele. Mit ihrem Licht stärkt sie unser Selbstbewusstsein, vor allem am Sonntag, wenn ihr Einfluss am größten ist. Führen Sie diesen magischen Zauberspruch deshalb am besten an einem Sonntag durch.

Das Ritual

Stellen Sie eine nicht brennende goldene Kerze und ein Glas Orangensaft (oder ein anderes goldfarbenes Getränk) in die Sonne. Gelb und Gold sind die heiligen Farben der Sonne. Halten Sie die Kerze zwischen den Händen, schließen Sie die Augen und genießen Sie den warmen Sonnenschein. Visualisieren Sie, wie das Licht Selbstzweifel und Enttäuschungen beseitigt. Heben Sie nun das Getränk hoch, sodass die Sonne darauf scheint, und trinken Sie es dann. Sagen Sie:

»Mächtige der Sonne, des Lichtes Quell,
mach meine Zukunft stark und hell.«

Visualisieren Sie dabei, wie innere Kraft Sie durchströmt. Stellen Sie die goldene Kerze ins Schlafzimmer, damit Sie ihr magisches Licht nutzen können, wann immer Sie Aufmunterung brauchen.

Der geheimnisvolle Mond

Die Kraft des Mondes weckt übersinnliche Fähigkeiten.

Sie brauchen

Eine helle Mondnacht

Einen Strauß aus weißen Blumen, wenn möglich mit Jasmin

Einen kleinen, runden Spiegel

Der Anblick des Mondes fasziniert die Menschen seit Tausenden von Jahren. Einige der ältesten Kunstwerke sind mondförmig, mit 29 Kerben weisen sie auf den Mondmonat hin. Der abnehmende und zunehmende Mond beeinflusst die Träume und die Stimmung und kann übersinnliche Kräfte wecken, einerlei, ob der Vollmond oder nur eine schmale Sichel am Himmel steht. Den folgenden Zauberspruch benutzen Sie am besten montags.

Das Ritual

Legen Sie einen kleinen Strauß aus duftenden weißen Blüten (Weiß ist die heilige Farbe des Mondes) und einen kleinen, runden Spiegel auf das Fensterbrett, wenn der zunehmende Mond hell am Himmel steht. Einige Jasminblüten im Strauß sind nützlich, denn der Jasmin ist die heilige Blume des Mondes. Stellen Sie sich vor das Fenster, betrachten Sie den Mond, und sprechen Sie:

»O Mond der Nacht, Bewahrer der Geheimnisse, Freund der Sterne, deine silbernen Strahlen folgen dem Feuer des Tages.
O dreiförmiger Mond, du kennst meinen Traum,
komm zu mir und öffne mein inneres Auge.
So soll es sein.«

Hauchen Sie den Spiegel an, sodass er trüb wird, und lassen Sie den Mond darauf scheinen. Bald sehen Sie ein Gesicht im Spiegel – Ihr eigenes oder das eines hilfreichen Geistes. Wie auch immer, bitten Sie es um Einsicht und danken Sie ihm dreimal.

Merkur, der Wanderer

Ein moderner Zauberspruch nutzt die Macht des
Merkur und sorgt für eine sichere Reise.

Sie brauchen

Sandelholzöl

Ein Räucherstäbchen

Ein kleines Rad mit Speichen

Orangefarbenen Zwirn oder ein orangefarbenes Band

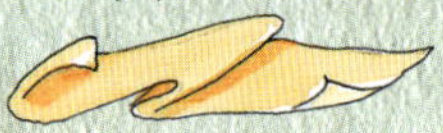

Ein Stück orangefarbene Seide

Merkur, der in Griechenland Hermes hieß, ist der alte Gott der Kommunikation und der Reise. Seine Macht ist heute sehr nützlich, weil wir viel reisen, sowohl beruflich als auch zum Vergnügen. Dabei gibt es oft Probleme und Verzögerungen, denen Sie mit diesem Zauberspruch vorbeugen können. Sprechen Sie ihn am Mittwoch, dem Tag des Merkur.

Das Ritual

Legen Sie ein kleines Rad mit Speichen und ein orangefarbenes Band auf einen Tisch. Orange ist die magische Farbe des Merkur. Verbrennen Sie Sandelholz (der Duft des Merkur), und schwenken Sie das Rad im Rauch. Sagen Sie dabei:

»Merkurwind, sei mir gut, sei für mich auf der Hut.«

Wedeln Sie nun mit dem Band im Rauch und flechten Sie es dann durch die Speichen des Rades. Sagen Sie dabei:

»Herr der Reise, schütze mich, wenn ich unterwegs bin.
Schütze auch mein Heim, wenn ich fort bin,
und bringe mich sicher zurück.
Im Namen des Merkur, so soll es sein.«

Wiederholen Sie dieses Ritual dreimal, und wickeln Sie das Rad dann in orangefarbene Seide. Tragen Sie es auf Reisen bei sich, damit Sie immer geschützt sind.

Venus, die Göttin der Liebe

Ein Spruch, der Ihnen hilft, Freundschaft oder Liebe zu finden.

Sie brauchen

Sechs grüne Knöpfe

Eine grüne Schnur oder grüne Wolle

Frische Rosen in einer Vase

Rosenöl

Venus ist die römische Göttin der Fruchtbarkeit und der Liebe. In Griechenland hieß sie Aphrodite. Der römische Feldherr Julius Cäsar behauptete, von Venus abzustammen, und führte ihren Kult ein. Noch heute ist die Venus das Sinnbild der Liebe und der Romantik. Zu ihren Symbolen gehören die Taube und die Rose; ihr Tag ist der Freitag. Sie zwingt niemanden zur Liebe, aber sie hilft Ihnen zu erkennen, was Sie liebenswert macht. Wenn Sie diese Eigenschaften pflegen, fällt es Ihnen leichter, Freundschaft und Liebe zu finden.

Das Ritual

Fädeln Sie an einem Freitag bei Sonnenaufgang sechs grüne Knöpfe an einer grünen Schnur oder an einem grünen Wollfaden auf. Grün ist die heilige Farbe der Venus. Fügen Sie die Enden der Schnur zusammen, sodass Sie einen Kreis mit rund 13 cm Durchmesser bekommen. Wickeln Sie einige Ihrer Haare um die Schnur. Stellen Sie eine Vase mit frischen Rosen (wenn möglich aus dem eigenen Garten) in den Kreis. Träufeln Sie ein wenig Rosenöl auf die Hand, schnuppern Sie daran und sprechen Sie:

»Herrin der grünen Triebe, gib mir die Kraft der Liebe.
Herrin der Ringe, schick mir auf feuriger Schwinge
ein inneres Bild, das Selbstzweifel stillt,
Freunde mir findet, mich liebevoll bindet.«

Visualisieren Sie die Qualitäten, die Sie haben!

Mars, der Allmächtige

Bitten Sie Mars, den Planeten des Mutes, Ihnen bei der Überwindung von Hindernissen zu helfen.

Sie brauchen

Scharlachroten Filz

Rotes Nähgarn und eine Nadel

Fünf kleine Eisennägel

•

Zwei rote Kerzen

•

Ihr Lieblings-räucherwerk

•

Ein Räuchergefäß

Eine Prise Tabak

Mars war im alten Rom der kühne, starke Kriegsgott. Mit dem folgenden Zauberspruch rufen Sie diese Qualitäten herbei, damit Sie Hindernisse im Leben überwinden, Streit beenden oder ausdauernder werden können.

Das Ritual

Nähen Sie aus scharlachrotem Filz und rotem Zwirn einen Beutel, der stark genug für fünf kleine Eisennägel ist. Stellen Sie an einem Dienstag (dem heiligen Tag des Mars) zwei nicht brennende rote Kerzen nebeneinander. Verbrennen Sie Duftöl mit einer Prise Tabak (die heilige Pflanze des Mars). Führen Sie die Nägel einzeln durch den Rauch, und sagen Sie:

*»Herr der stählernen Kraft,
schlichte den Streit mit deiner Macht.«*

Legen Sie die Nägel in den Beutel und nähen Sie ihn zu. Zünden Sie die linke Kerze an und sprechen Sie:

*»Mars, gib mir dein Licht und deinen Mut,
verschaff mir mein Recht, mach alles gut.«*

Zünden Sie nun die rechte Kerze an und sagen Sie:

*»Schütze mich, Mars, und gib mir Kraft
in jedem Kampf, bei Tag und Nacht. So soll es sein.«*

Verstecken Sie den Beutel fünf Wochen lang. Er gibt Ihnen Mut und Energie.

Jupiter, der Gerechte

Ein (Zauber-) Spruch, der Ihnen hilft, am Arbeitsplatz zu glänzen und Karriere zu machen.

Sie brauchen

Ein Quadrat aus königsblauem Papier

Einen Füller mit goldfarbener Tinte

•

Vier königsblaue Kerzen in Messingständern

Zedernöl

•

Eine Duftlampe

•

Blaue Seide

Bei den alten Römern war Jupiter der Göttervater wie der Zeus bei den Griechen. Außerdem ist er der König des Himmels und der Erde sowie der Lenker des Sonnensystems. In der Astrologie symbolisiert er beruflichen Erfolg, Wachstum und Expansion. Der folgende Zauberspruch sichert Ihnen Jupiters Hilfe bei Problemen am Arbeitsplatz oder wenn Sie weiterkommen wollen. Sprechen Sie ihn am Donnerstag, Jupiters heiligem Tag.

Das Ritual

Schreiben Sie einen beruflichen Wunsch auf ein quadratisches blaues Papier (Königsblau ist die heilige Farbe des Jupiters) und unterschreiben Sie mit Ihrem Namen. Drehen Sie das Blatt um und zeichnen Sie dieses magische Quadrat, das dem Jupiter gewidmet ist, auf die Rückseite:

4	14	15	1
9	7	6	12
5	11	10	8
16	2	3	13

Zünden Sie vier königsblaue Kerzen an und stecken Sie sie in Messingständer (Messing ist das Metall des Jupiters). Verbrennen Sie Zedernöl (das Holz des Jupiters) und bitten Sie Jupiter um Hilfe. Wiederholen Sie dieses Ritual drei Wochen lang jeden Donnerstag, und Ihr Wunsch wird erfüllt. An den Tagen dazwischen tragen Sie das Papierquadrat, in blaue Seide gewickelt, bei sich.

16
2

Saturn, der Herr der Zeit

Wenn Sie mehr Geduld und Ausdauer brauchen und Ihre Zeit besser einteilen wollen, hilft Ihnen dieser moderne Spruch.

Sie brauchen

Ein schmales blaues Band

Einen Füller mit schwarzer Tinte

Weißen Karton

Eine Münze

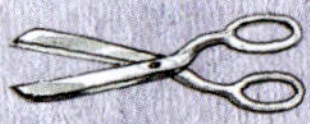

Eine Schere

Eine Armbanduhr

Der römische Gott Saturn wird in schwarzem Gewand abgebildet. Er hält eine Sense und eine Sanduhr in den Händen, denn er ist der Herr der Zeit. Er verstärkt Zaubersprüche, die mit Zeit und Geduld zu tun haben. Wir haben heute nie genug Zeit und selten Geduld. Dieser Zauberspruch hilft Ihnen, Ihre Zeit besser zu nutzen und geduldiger zu werden. Sprechen Sie ihn an einem Samstag, weil Saturns Einfluss dann am größten ist.

Das Ritual

Kaufen Sie ein schmales blaues Band. Zeichnen Sie mit schwarzer Tinte den Umriss einer Münze auf ein Blatt weißen Karton. Der Kreis sollte nicht größer sein als die Rückseite Ihrer Armbanduhr. Zeichnen Sie die Zahlen 1 bis 12 in den Kreis, wie auf einer Uhr, jedoch ohne Zeiger. Schneiden Sie den Kreis aus und legen Sie ihn beiseite. Winden Sie das Band um das Armband Ihrer Uhr und sagen Sie:

»Mächtiger Saturn, Herr der Zeit, erhöre meine Bitte. Lehre mich, mit den Stunden des Tages besser umzugehen. Lehre mich auch Geduld, Tag für Tag. Mögen deine dunkelbraunen Augen auf mir ruhen. Segne mich mit deiner Macht, von Minute zu Minute, von Stunde zu Stunde.«

Wiederholen Sie diese Sätze und entfernen Sie dann das Band. Kleben Sie das »zeitlose« Zifferblatt auf die Rückseite Ihrer Uhr und tragen Sie es jeden Tag, bis es sich löst oder zerreißt. Der Zauber wirkt innerhalb eines Monats.

Uranus, der Erneuerer

Uranus, der Planet der plötzlichen Transformation, verhilft Ihnen zu raschen Erfolgen.

Sie brauchen

Dünnen Karton

•

Einen Bleistift

•

Klebstoff

•

Doppelseitiges Klebeband

Silberpapier

•

Eine Schere

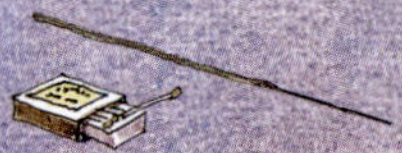

Eine Wunderkerze und Streichhölzer

Uranus wurde 1781 von William Herschel entdeckt und nach dem griechischen Gott des Himmels benannt. Seine magische Wirkung erstreckt sich auf die Elektrizität, die Atomindustrie (die Uran benutzt), Erfindungen und neue Entdeckungen. Die Macht des Uranus schützt Elektrogeräte wie Computer, Scanner, Mobiltelefone, CD-Player und Fernsehgeräte vor Stromausfall, Viren und anderen Problemen.

Das Ritual

Holen Sie alle Elektrogeräte, die Sie schützen wollen. Zeichnen Sie ebensoviele Schlangen, die sich in den Schwanz beißen, auf Karton. Kleben Sie Silberpapier auf die andere Seite und schneiden Sie die Schlangen sorgfältig aus. Ordnen Sie die Kartonstücke im Kreis an und zünden Sie dann eine Wunderkerze an. Zeichnen Sie mit der Wunderkerze über jedem Symbol eine Schlange in die Luft und bitten Sie Uranus mit eigenen Worten, alle Ihre elektrischen Geräte zu beschützen. Wenn die Wunderkerze erlischt, kleben Sie die Schlangensymbole auf die Rückseite der Geräte, sodass man sie nicht sieht. Erzählen Sie niemandem davon, sonst wirkt die Magie nicht.

Neptun, der Hellsichtige

Die Kraft des fernen Planeten Neptun weckt Ihre übersinnlichen Fähigkeiten, sodass Sie »sehen« können.

Sie brauchen

Eine Muschel (wahlweise)

Eine Schale aus durchsichtigem Glas, mit Wasser gefüllt

Salz

In der römischen Mythologie herrscht Neptun über die Meere, alle ihre Bewohner und die Gezeiten. Im alten Griechenland hieß dieser Gott Poseidon. Seine subtile Energie weckt verborgene übersinnliche Kräfte, die man jedoch gut im Griff haben muss, um nicht von ihnen überwältigt zu werden.

Das Ritual

Stellen Sie eine Schale mit Wasser auf den Tisch und streuen Sie eine Prise Salz hinein. Legen Sie auch eine Muschel hinein, wenn Sie eine haben. Sprechen Sie dann:

»Das große Meer, das Reich des Neptun, ist die Wiege des Lebens. So klar wie sein Wasser möge mein Auge sein.«

Bleiben Sie mit geschlossenen Augen sitzen. Atmen Sie tief und langsam und entspannen Sie sich. Zählen Sie beim Einatmen bis vier, halten Sie den Atem bis vier an, atmen Sie bis vier aus, und halten Sie erneut den Atem bis vier an. Wiederholen Sie das zehnmal. Stellen Sie sich vor, Ihre Beine und Füße seien schwarz wie die Erde, Ihr Schoß sei scharlachrot, Ihr Bauch orangefarben, Ihr Solarplexus gelb, das Herz nebst Umgebung grün, die Kehle blau, die Stirn purpurfarben. Über dem Kopf schwebt eine strahlend weiße Kugel, die Verbindung zum Himmel. Betrachten Sie das Wasser. Wenn Sie völlig entspannt und eingestimmt sind, gewährt Neptun Ihnen eine Vision. Bedanken Sie sich dafür.

Pluto, der Hüter der Erinnerungen

Dank der Macht von Pluto können Sie Verbindung mit Ihren Ahnen aufnehmen.

Sie brauchen

Einen Standspiegel

•

Eine weiße Kerze

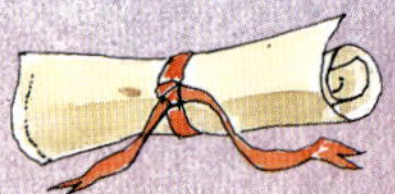

Eine Kopie Ihres Stammbaums oder andere Erinnerungen an die Vergangenheit

•

Angenehm duftendes Räucherwerk

•

Ein Räuchergefäß

•

Papier und Bleistift

Der Planet Pluto wurde nach dem römischen Gott der Unterwelt benannt. Die mythische Unterwelt gilt als Symbol des kollektiven Unbewussten, das uralte Erinnerungen der Ahnen speichert. Dieser Zauberspruch – nachts gesprochen – nutzt die Macht von Pluto, um Sie mit Ihren Vorfahren zu verbinden. Führen Sie den Zauberspruch bei Nacht durch.

Das Ritual

Formen Sie einen schützenden magischen Kreis, indem Sie ein wenig Wasser segnen und es um sich herum sprenkeln. Stellen Sie einen kleinen Spiegel auf den Tisch und daneben eine brennende weiße Kerze, deren Licht auf den Spiegel fällt. Legen Sie Ihren Stammbaum oder andere Erinnerungen an die Vergangenheit auf den Tisch und verbrennen Sie Räucherwerk. Schreiben Sie auf Papier:

»Ich will mich an meine Ahnen erinnern und an Angehörige, die ich vergessen habe. Zeigt euch in diesem schimmernden Glas. Ich rufe die schönen Erinnerungen meiner Ahnen herbei.«

Verbrennen Sie das Papier vorsichtig in der Kerzenflamme und betrachten Sie den Rauch im Spiegel. Vielleicht sehen Sie im Spiegel ein Gesicht. Wenn es verblasst ist, sagen Sie:

»Ich danke dir, wer immer du bist,
vielleicht sehen wir uns wieder im Traum.«

Es kann sein, dass Sie einen Angehörigen oder Vorfahren im Traum sehen.

Versiegelter Zauberspruch

Ein kosmischer Zauber

Die Planeten bringen Ihnen Glück – dank dieses Talismans.

Sie brauchen

(Die folgenden Gegenstände sollten zu dem Planeten passen, den Sie ausgesucht haben.)

Einige farbige Kerzen

•

Buntes Papier

•

Farbige Seide

•

Eine Schere

•

Einen Filzstift

•

Ein kleines Objekt aus Metall

Jeder Planet herrscht über sein eigenes Reich. Darum können wir ihn um Hilfe in einem bestimmten Lebensbereich bitten. Talismane wurden einst mit spezieller Tinte auf Tierhäute geschrieben oder aus Metall oder Juwelen gemacht. Heute können Sie buntes Papier und Filzstifte verwenden. Die folgende Liste enthält die Planeten und die ihnen zugeordneten Kräfte, Metalle, Zahlen und Wochentage. Überlegen Sie, welcher Planet Ihnen am besten helfen kann, und rufen Sie ihn mit diesem Ritual an.

PLANET	TAG	METALL
Sonne	Sonntag	Gold
Mond	Montag	Silber
Mars	Dienstag	Eisen
Merkur	Mittwoch	Quecksilber
Jupiter	Donnerstag	Zinn
Venus	Freitag	Kupfer
Saturn	Samstag	Blei

Das Ritual

Legen Sie am Tag des ausgewählten Planeten die richtige Zahl von Kerzen, Papier, einen Filzstift und ein Stück Seide, jeweils in der Farbe des Planeten, sowie ein passendes Objekt aus Metall bereit. Schneiden Sie das Papier so zu, dass es die korrekte Zahl von Seiten hat, und schreiben Sie Ihren Wunsch darauf. Zünden Sie die Kerzen an, legen Sie das Metall auf das Papier und visualisieren Sie, dass Sie die benötigte Hilfe bekommen. Löschen Sie die Kerzen und wickeln Sie das Papier in die Seide. Tragen Sie das Päckchen zwei Wochen bei sich. Es bringt Ihnen Glück.

FARBE	ZAHL	ATTRIBUT
Gelb	6	Gesundheit
Weiß/Violett	9	Übersinnliche Kräfte
Rot	5	Mut
Orange	8	Kommunikation
Blau	4	Expansion
Grün	7	Harmonie
Schwarz	3	Geduld

Die sieben alten Planeten als Symbole

In der modernen Magie werden die sieben klassischen Planeten sowie ihre Tage, Metalle, Farben, Zahlen und Kräfte häufig als Symbole verwendet.

Die Magie der Zeit

KAPITEL
III

Die meisten Menschen kennen ihr Tierkreiszeichen, wissen aber nicht, dass bestimmte Kräfte auf sie einwirken, während die Sonne sich durch diese Zeichen bewegt. Unsere ältesten Vorfahren beobachteten den Lauf der Himmelskörper und verbanden die Zeitphasen mit bestimmten positiven und negativen Energien. Später wurde dieses Wissen erweitert, sodass wir heute die himmlischen Kräfte im täglichen Leben nutzen können.

Zeit und Magie

Magie hat oft etwas mit Zeit zu tun, denn wir müssen Stunde, Tag und Jahreszeit richtig auswählen, um mit unserem Zauber Erfolg zu haben. Magier ordnen ihre Zaubersprüche, Rituale und Feste bestimmten Zeiten des Jahres zu.

Die Tierkreiszeichen als Uhr

Die Tierkreiszeichen bilden eine kreisförmige Mauer aus Sternen mit der Erde als Mittelpunkt. Die genauen Bewegungen der Planeten durch diese Zeichen werden in Tabellen festgehalten, die Ephemeriden heißen. Man findet sie in Büchern und im Internet.

Wir können die Sternbilder als Ziffern auf einer gewaltigen kosmischen Uhr betrachten. Im Gegensatz zu einer herkömmlichen Uhr hat diese Uhr allerdings einen Zeiger für jeden Planeten, und alle bewegen sich mit unterschiedlicher Geschwindigkeit. Ein Horoskop untersucht die Position sämtlicher Zeiger im Augenblick der Geburt. Der Ort jedes Zeichens und jedes Planeten ist bedeutungsvoll. Der Geburtsort bildet den Mittelpunkt, um den diese vielen Einflüsse sich mehr oder weniger schnell drehen, solange wir leben, und alles beeinflussen, was wir tun.

In der Magie nutzen wir die Attribute der einzelnen Sternzeichen. Bei einfachen Zaubersprüchen müssen Sie wissen, wann die Tierkreiszeichen am einflussreichsten sind.

Widder	21. März – 19. April	
Stier	20. April – 20. Mai	
Zwillinge	21. Mai – 21. Juni	Sommersonnenwende
Krebs	22. Juni – 22. Juli	
Löwe	23. Juli – 22. August	
Jungfrau	23. August – 22. Sept.	Herbst-Tagundnachtgleiche
Waage	23. Sept. – 22. Okt.	
Skorpion	23. Okt. – 21. Nov.	
Schütze	22. Nov. – 21. Dez.	Wintersonnenwende
Steinbock	22. Dez. – 19. Jan.	
Wassermann	20. Jan. – 18. Feb.	
Fische	19. Feb. – 20. März	Frühlings-Tagundnachtgleic

Da die Erde vor dem Sternenhimmel taumelt, sind die Daten von Jahr zu Jahr verschieden. Sie können sich aber in Zeitungen und im Internet informieren.

Sternbilder als Symbole

Kluge Menschen in vielen Ländern haben schon in alten Zeiten am Sternenhimmel Bilder gesehen, vor allem in Ländern mit trockenem Wetter und klarem Himmel. Diese Sternbilder stellen Menschen oder Dinge dar und haben Namen. Über die Helden am Sternhimmel gibt es viele Geschichten, zum Beispiel über Castor und Pollux (die Zwillinge), den Löwen und den Schützen. Niemand weiß, ob der Mythos oder die Sternbilder zuerst da waren. Manchmal verliebte sich der Held oder die Heldin einer alten Geschichte in eine Gottheit, bekam das ewige Leben und wurde in ein Sternbild verwandelt. Im alten Ägypten war der Gott Osiris unser Sternbild Orion, und Isis, seine Gemahlin, war Sirius, der hellste Stern am Himmel, der Orion auf den Fersen folgt.

Die alten Astronomen glaubten, dass Kinder, die unter einem bestimmten Sternbild geboren werden, bestimmte Eigenschaften haben. Vor kurzem untersuchte Michel Gauqueline die Horoskope von Soldaten, Künstlern, Ärzten und Sportlern und stellte in jeder Gruppe ähnliche Positionen der Planeten fest.

Die folgenden Zaubersprüche eignen sich für viele Zwecke. Sie harmonisieren Beziehungen, sorgen für Gerechtigkeit und schützen einen Ort oder einen Menschen. Die Tabelle auf den Seiten 8–9 zeigt, welche Sternzeichen an bestimmten Wochentagen einflussreich sind. Auf der Südhalbkugel sind die Zeichen Zwillinge bis Jungfrau im Winter zu sehen. Wenn in Ihrem Garten keine Rosen wachsen, können Sie eine andere Blume nehmen, die Ihnen gefällt oder gut duftet. Einige Zaubersprüche sind an Symbole gebunden. Vertauschen Sie nie die uralten Symbole; das bringt Sie durcheinander und macht die Magie unwirksam.

Sternbilder sind uralte Symbole am Nachthimmel

Widder

Der Widder, das Symbol der Führungskraft, macht Sie selbstsicherer.

Sie brauchen

Eine rote Kerze

Ein Bild eines Widders

Eine rote Blume

Einen Kompass

•

Ein Blatt weißes Papier

•

Einen Füller mit roter Tinte

Der Widder ist ein Feuerzeichen und strotzt vor dynamischer Energie. Er nutzt seine Inspiration, um etwas zu ändern oder voranzubringen. Er ist aggressiv, streitlustig und übermäßig selbstbewusst. Mit dieser Magie erwerben Sie den Mut und die Kraft, die Sie brauchen, um Ihr Ziel zu erreichen.

Das Ritual

Stellen Sie eine rote Kerze und eine rote Blume (Rot ist die Farbe des Widders) auf den Tisch und legen Sie ein Bild eines Widders daneben. Wenden Sie sich nach Osten und zünden Sie die Kerze an. Notieren Sie auf weißem Papier mit roter Tinte die Situationen, in denen Sie selbstsicherer werden möchten. Falten Sie dann das Papier, sooft es geht, und legen Sie es unter die Blume. Setzen Sie sich mit geschlossenen Augen hin und visualisieren Sie ein warmes rotes Licht. Sehen Sie vor dem geistigen Auge, wie Sie selbstbewusster und willensstärker werden – nicht tückisch oder grausam. Tief im Inneren wissen Sie, dass Sie stark sein können, wenn Sie nur wollen. Löschen Sie die Kerze, aber lassen Sie das Papier unter der Blume, bis diese welk ist. Wenn Sie sich wieder einmal in einer schwierigen Situation befinden, denken Sie an das warme rote Licht!

Stier

Der Stier öffnet die Augen, sodass Sie das Schöne im Leben sehen.

Sie brauchen

Dinge, die Sie gern haben

Fotos von Menschen, die Sie lieben

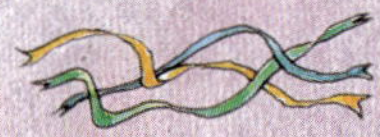

Bänder in Ihren Lieblingsfarben

Einen Kompass

Der Stier regiert die Sinne und wird daher mit Bequemlichkeit und Schönheit assoziiert. Denken Sie vor dem Ritual darüber nach, was der Begriff »Schönheit« für Sie bedeutet – bei Menschen, in der Kunst oder in der Natur. Wenn Sie die Augen öffnen, sehen Sie Schönheit in allen Menschen, Dingen und Ereignissen Ihres Lebens, selbst wenn sie Ihnen gewöhnlich vorkommen.
Der folgende Zauberspruch macht Sie für diese Schönheit empfänglicher.

Das Ritual

Legen Sie einige Dinge, die Sie mögen, auf den Tisch, zum Beispiel Ihre Lieblingsblumen, Fotos geliebter Menschen – alles, was Sie glücklich macht. Legen Sie auch ein paar Bänder in Ihren Lieblingsfarben zurecht. Wenden Sie sich nach Süden, halten Sie die Hände über die Objekte, und sagen Sie:

»Möge Schönheit vor mir und hinter mir sein.
Möge Schönheit an meiner Seite sein.
Möge Schönheit mich umgeben mein Leben lang.«

Machen Sie in jedes Band drei Knoten und tragen Sie die Bänder bei sich. Bald werden Sie die Schönheit in Ihrer Umwelt sehen und schätzen.

Zwillinge

Eine Magie, die alte Beziehungen erneuert.

Sie brauchen

Andenken an den Menschen, mit dem Sie Verbindung aufnehmen wollen

•

Ein Foto von Ihnen und eins von diesem Menschen

•

Einen Umschlag, in den beide Bilder passen

•

Orangefarbenes Band

•

Klebestreifen

Der Regent der Zwillinge ist Merkur, der Wanderer und Kommunikator. Dies ist das Sternzeichen der Ideen, des Wandels, der Anpassungsfähigkeit und der Beziehungen. Das Symbol der Zwillinge ist die römische Ziffer II. Die Macht dieses Zeichens kann zwei Freunde, Verwandte oder Liebende wieder zusammenführen.

Das Ritual

Setzen Sie sich ruhig hin und denken Sie über Ihre Beziehung mit dem Menschen nach, den Sie vermissen. Legen Sie Andenken an ihn auf den Tisch, und überlegen Sie, wann Sie ihn zuletzt gesehen oder mit ihm gesprochen haben. Legen Sie ein Foto von Ihnen und ein Foto des geliebten Menschen mit dem Gesicht aneinander und stecken Sie die Bilder in einen Umschlag. Schließen Sie den Umschlag und wickeln Sie ein orangefarbenes Band um ihn. Sprechen Sie dabei:

»Möge dieses Band uns wieder vereinen.
Möge er/sie an mich denken und sich sobald wie möglich melden, auch vom anderen Ende der Welt, per Telefon oder E-Mail, mit der Post oder mit einer Brieftaube.«

Kleben Sie den Umschlag an ein Fenster Ihrer Wohnung, das in die Richtung zeigt, in welcher die oder der Gesuchte sich befindet. Schicken Sie ihr/ihm in Gedanken Ihre Anschrift und Ihre Telefonnummer. Wenn Sie Glück haben, erhalten Sie innerhalb von zwei Wochen eine Nachricht von diesem Menschen – vielleicht auf sonderbaren Wegen. Nehmen Sie dann den Umschlag ab und lösen Sie das Band. Bedanken Sie sich beim Sternzeichen der Zwillinge.

Krebs

Eine harte Schale schützt Sie und Ihre verwundbare Seite.

Sie brauchen

Eine kleine Schachtel mit separatem Deckel

Blaues oder grünes Papier

•

Klebstoff

•

Eine Schere

•

Eine Muschel

•

Einen silbernen Faden

Der Krebs hat einen zarten Körper, aber eine harte Schale. Menschen, die unter diesem Zeichen geboren wurden, sind von Natur aus sanft, empfindsam und mitfühlend. Darum brauchen sie (wie alle Menschen) ab und zu einen Panzer, der sie vor der Welt schützt. Wenn Sie sich verwundbar fühlen, verhilft Ihnen der folgende Zauberspruch zu einer schützenden Schale, unter der Sie geborgen sind.

Das Ritual

Überziehen Sie eine Schachtel und den separaten Deckel mit grünem oder blauem Papier, um das Wasser zu symbolisieren, in dem der Krebs lebt. Schneiden Sie sich eine Haarsträhne ab, legen Sie sie neben eine Muschel in diese Schachtel und verschließen Sie sie. Winden Sie einen silbernen Faden herum und sagen Sie dabei:

»Um den schützenden Schild wind' ich den Faden.
Er macht mich stark, schützt mein Herz vor Schaden.
Wenn Furcht mich packt, bei Tag oder Nacht,
denk ich an ihn, und sie verliert ihre Macht.«

Verstecken Sie die Schachtel auf einem Schrank oder an einem anderen erhöht liegenden Ort. Bald wird es Ihnen leichter fallen, mit schwierigen Menschen und Situationen umzugehen.

Löwe

Der Löwe gibt Ihnen Selbstvertrauen und Anerkennung.

Sie brauchen

Goldfarbenes Papier
•
Eine Schere
•
Einen Bleistift
•
Sechs gelbe Blumen, z.B. Ringelblumen, Sonnenblumen oder gelbe Gänseblümchen
•
Eine flache Schale
•
Eine goldene Kette
•
Goldfarbenen Flitter
•
Ein Teelicht

Die erste Arbeit des griechischen Helden Herakles bestand darin, den nemäischen Löwen zu erlegen. Das Sternzeichen Löwe erinnert an diesen harten Kampf. Trotz der Tapferkeit des legendären Tieres sind die Löwen in unserer Welt eher faul und verbringen viel Zeit damit, zu essen, sich auszuruhen, zu spielen und Körperpflege zu betreiben. Der folgende Spruch hilft Ihnen, wenn Sie »löwenhafter« werden wollen, ohne sich dabei allzu sehr anzustrengen.

Das Ritual

Schneiden Sie einen Kreis aus goldfarbenem Papier zu. Schreiben Sie Ihren Namen darauf und zeichnen Sie das Symbol für das Sternzeichen Löwe daneben. Legen Sie das Blatt Papier im Freien in die Sonne. Lassen Sie die Blütenblätter von sechs gelben oder goldfarbenen Blumen im Freien in der Sonne trocknen, legen Sie sie dann in eine flache Schale und dazu eine Goldkette, etwas goldfarbenen Flitter und ein Teelicht. Betrachten Sie die Flamme des Teelichts, die sich in den Gegenständen widerspiegelt, und sagen Sie:

»So werde ich glänzen, mit dem Löwen vereint.
Mein Herz ist aus Gold, mein wahres Licht scheint.
Meine Kraft nimmt zu, bei allem, was ich tu.«

Legen Sie den goldenen Kreis auf den Boden unter das Kopfende Ihres Bettes. Tragen Sie die Kette in jeder schwierigen Situation und glauben Sie fest an Ihren Erfolg.

Jungfrau

Diese Magie hilft Ihnen, die Früchte Ihrer Arbeit zu ernten und Kraft für den bevorstehenden Winter zu sammeln.

Sie brauchen

Früchte, Körner, Beeren, Blumen, Zweige, Blätter (gesammelt, nicht gekauft)

•

Symbole vollendeter Projekte oder überflüssiger Dinge

•

Fotos Ihrer Familie und Ihrer Freunde

•

Papier und Bleistift

•

Eine Kerze

•

Zwirn

Das Sternbild Jungfrau ist Demeter, der griechischen Göttin der Ernte, gewidmet. Wie in der alten Zeit ist der kommende Winter auch heute eine günstige Zeit, um den Lohn Ihrer Bemühungen während des Jahres zu empfangen und alles wegzuwerfen, was Sie nicht mehr brauchen. Jetzt sammeln Sie die positive Energie, die Sie bis zum Jahresende brauchen.

Das Ritual

Sammeln Sie Blumen, Früchte, Samenkörner, Beeren, Zweige und Blätter aus dem Garten. Legen Sie auch ein paar Symbole Ihrer Arbeit und überflüssige Dinge dazu, außerdem Fotos Ihrer Familie und Ihrer Freunde. Ziehen Sie dann einen heiligen Kreis um den Tisch (siehe Seite 32–33), verbrennen Sie die Papiersymbole vollendeter Projekte und nutzloser Dinge in der Flamme einer Kerze und sagen Sie:

»Mutter Natur, du hast mir Fülle gegeben,
meine Arbeit inspiriert, Körper, Seele und Geist gespeist.
Ich danke dir für alles, was du mir gegeben hast,
und ich verspreche, die Erde zu schützen.«

Binden Sie die »natürlichen« Symbole mit einem Faden zusammen und hängen Sie das Bündel an einen Ast. Legen Sie die Fotos bis Weihnachten zu Hause oder am Arbeitsplatz so hin, dass sie gut zu sehen sind.

Für Ernte Dank! ✓

Waage

Die Waage bringt Ausgewogenheit in Ihr Leben,
sodass Sie richtige Entscheidungen treffen können.

Sie brauchen

Papier und Bleistift

•

Ein kleines Pendel (Sie können ein Gewicht an einen dünnen Faden hängen)

•

Eine schwarze und eine weiße Kerze

•

Ein Bild des Sternzeichens Waage

•

Einen Kompass

Das Sternbild Waage wird mit Ausgewogenheit und Gerechtigkeit assoziiert. Im täglichen Leben müssen wir oft vieles unter einen Hut bringen, was Zeit und Energie kostet, und es ist schwierig, das Gleichgewicht zu finden. Wenn Sie Prioritäten im Leben setzen wollen, kann die Weisheit der Waage Ihnen helfen.

Das Ritual

Denken Sie an den Stress in Ihrem Leben und schreiben Sie auf ein Blatt Papier: »Soll ich mich für A oder für B entscheiden?« Halten Sie ein kleines Pendel über die rechte Handfläche und sagen Sie zu ihm: »Bitte zeige mir ein Ja!« Achten Sie darauf, wie es schwingt, und sagen Sie dann: »Bitte zeige mir ein Nein!« Jetzt schwingt das Pendel anders. Zünden Sie eine schwarze und eine weiße Kerze an, und legen Sie das Papier dazwischen. Legen Sie ein Bild der Waage vor das Papier, halten Sie das Pendel darüber und sagen Sie:

»Sage mir, Pendel, welche Wahl ich treffen soll. Soll ich den ersten Weg gehen, oder mich für den zweiten entscheiden?«

Sprechen Sie dann: *»Ist A der richtige Weg?«* Wenn das Pendel »nein« sagt, fragen Sie: *»Ist also B der richtige Weg?«*

Bleiben Sie bei der getroffenen Entscheidung. Kleben Sie das Bild der Waage der Gerechtigkeit an die östliche Wand Ihres Schlafzimmers, und lassen Sie es hängen, bis Ihr Projekt vollendet ist.

Skorpion

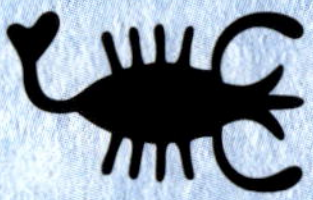

Entdecken Sie einen heimlichen Verehrer.

Sie brauchen

Papier und Bleistift

Vier Kerzen in Ihrer Lieblingsfarbe

•

Einen kleinen Spiegel

Einen neuen Silberring

•

Ein Räuchergefäß

Ihr Lieblingsräucherwerk

Im Herzen des Sternbildes Skorpion befindet sich der hellrote Stern Antares, der starke Energie ausstrahlt und die zielgerichtete, leidenschaftliche Natur der Skorpion-Geborenen verstärkt. Der folgende Zauberspruch nutzt die Energie des Skorpions, um Ihnen einen heimlichen Verehrer zu enthüllen.

Das Ritual

Schreiben Sie auf ein Blatt Papier, was Sie unter wahrer Liebe verstehen. Notieren Sie auch, was Sie von einem Geliebten erwarten und was Sie ihm geben wollen. Denken Sie mindestens drei Tage darüber nach und verstecken Sie Ihre Notizen. Stellen Sie dann vier Kerzen in Ihrer Lieblingsfarbe im Quadrat auf. In die Mitte legen Sie einen kleinen Spiegel und darauf einen neuen silbernen Ring (Silber ist die Farbe des Mondes und der Gefühle). Zünden Sie die Kerzen an, verbrennen Sie Ihr Lieblingsräucherwerk und denken Sie über Ihre Notizen nach. Schauen Sie durch den Ring in den Spiegel, und sagen Sie:

*»Skorpion, Herr der Liebe, sende mir ein Bild von oben.
Wenn jemand mich wirklich liebt, dann zeige ihn mir.
Wenn es ein Geheimnis ist, dann lasse meine Liebe leuchten
wie Gold, damit mir bald jemand Liebe schenkt.«*

Vielleicht erscheint nun das Gesicht Ihres heimlichen Verehrers im Spiegel. Auch wenn das nicht geschieht, küssen Sie den Ring und stecken ihn an den Finger. Der Verehrer wird sich bald offenbaren!

Schütze

Die Talente des Schützen bringen sportlichen Erfolg.

Sie brauchen

Ein Foto des Preises, den Sie erringen wollen

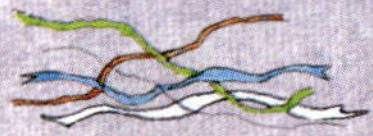

Einen Faden, Wolle oder schmale Bänder in Weiß, Schwarz, Rot, Blau, und Grün

Fünf Metallringe

•

Papier und Bleistift

Einen kleinen roten Beutel

Wer unter dem Sternzeichen des Schützen geboren wurde, liebt die Unabhängigkeit und die Natur. Diese Menschen sind unruhig und treiben gerne Sport, sowohl allein als auch in einer Mannschaft. Mit einem Talisman nutzen Sie die Macht des Schützen, um größere sportliche Erfolge zu erringen.

Das Ritual

In welcher Sportart wollen Sie mehr erreichen? Was wollen Sie erreichen? Natürlich sind Training und Hingabe die Voraussetzung, aber ein Talisman kann Ihnen einen zusätzlichen Schub geben. Am besten tragen Sie bei diesem Ritual Ihre Sportkleidung! Legen Sie ein Bild des Preises, den Sie gewinnen wollen, vor sich auf den Tisch. Ziehen Sie fünf unterschiedlich gefärbte Bänder durch fünf Metallringe und sagen Sie:

»Schütze, hilf mit deinem Pfeile,
dass im Wettkampf ich enteile.
Hartes Training gibt mir Kraft,
der hohe Preis ist bald geschafft.«

Wiederholen Sie diesen Spruch fünfmal. Schreiben Sie ihn auf ein Blatt Papier, und stecken Sie das Blatt zusammen mit den Ringen und dem Foto in einen roten Beutel. Bewahren Sie diesen Beutel in Ihrer Nähe auf, wann immer Sie Ihren Sport treiben. Sie werden bald noch besser in Form sein.

Steinbock

Eine Girlande bringt Ihnen Sicherheit und Erfolg.

Sie brauchen

Stechpalme, Efeu, Fichte und andere grüne Zweige

•

Dünnen Floristendraht

•

Symbole Ihres Berufes

•

Grüne und dunkelblaue Bänder

•

Goldfarbenen Zwirn, Perlen, Flitter

•

Goldmünzen oder Schokomünzen

•

Räucherwerk (Rose, Zeder, Myrrhe)

In vielen alten Kulturen war die Wintersonnenwende eine Zeit der Feste und des Pläneschmiedens. Bauen Sie auf diese Traditionen und basteln Sie eine Girlande als Talisman. Sie besteht aus Symbolen Ihrer Erfolge im vergangenen Jahr und gibt Ihnen Kraft und Selbstvertrauen, sodass Sie den Herausforderungen des neuen Jahres gewachsen sind.

Das Ritual

Machen Sie aus grünen Zweigen einen Kranz mit einem Durchmesser von etwa 30 Zentimetern. Verwenden Sie Stechpalme, Efeu, Fichte (die Pflanzen des Steinbocks) und andere grüne Teile. Binden Sie die Teile mit dünnem Draht zusammen. Fügen Sie Symbole Ihres Berufes hinzu, etwa Fotos oder kleine Teile einer vollendeten Arbeit. Wickeln Sie ein grünes Band im Uhrzeigersinn und ein blaues Band gegen den Uhrzeigersinn um den Kranz, und verbinden Sie die Enden mit einer Schleife. Befestigen Sie Goldzwirn, Münzen, Perlen und goldfarbene Bänder in der Mitte des Kranzes. Verbrennen Sie dann Räucherwerk (Rose, Zeder und Myrrhe) und schwenken Sie die Girlande im Rauch. Visualisieren Sie dabei Erfolg und Sicherheit im Beruf. Sagen Sie:

»Ich bitte um Erfolg und Sicherheit.
So soll es sein, ich bin bereit.« Danke.

Verstecken Sie die Girlande an einem dunklen Platz. Sie wird Ihnen im kommenden Jahr beruflichen Erfolg bringen.

Es ist die Göttin Danu
Die Göttin des neuen Zeit Alters.

Wassermann

Ein Zauberspruch hilft in Notlagen.

Sie brauchen

Eine Flasche mit Quellwasser

Einen Glasbehälter

Eine gläserne Murmel oder ein Glasnugget

Manche Astrologen glauben, im Jahr 2000 habe die Frühlings-Tagundnachtgleiche sich ins Sternbild des Wassermanns bewegt, dessen Zeitalter damit begonnen habe. Diese Ära wird mindestens 2000 Jahre dauern, und manche sind der Meinung, sie werde sich durch Frieden und Harmonie auszeichnen. Der Wassermann gießt das Wasser des Lebens aus. Mit dem folgenden Zauberspruch ehren Sie die Güte des Wassermanns und helfen weniger glücklichen Menschen oder unterstützen eine gute Sache.

Das Ritual

Wählen Sie ein Projekt aus, das Sie unterstützen wollen. Gehen Sie mit einer Flasche Quellwasser, einem Glasbehälter und einer gläsernen Murmel oder einem Glasnugget an einen Fluss. Halten Sie die Flasche am Ufer in den Händen und visualisieren Sie, dass die Lösung eines schwierigen Problems gefunden wird. Gießen Sie die Hälfte des Quellwassers in den Fluss und sagen Sie:

»Jeder Fluss strömt ins Meer, und jedes Meer ist mit den anderen verbunden. Das Meerwasser fällt als Regen aufs Land. Alle Menschen sind Brüder und Schwestern. Mögen meine guten Wünsche um die Erde reisen und alle erreichen, die in Not sind.«

Küssen Sie die Glasmurmel oder das Glasnugget und werfen Sie sie in den Fluss. Gießen Sie das restliche Wasser in den Glasbehälter und nehmen Sie ihn mit nach Hause. Stellen Sie ihn an einen Platz, an dem Sie ihn oft sehen, damit er Sie an Ihre guten Wünsche erinnert.

Fische

Die Fische geben Ihnen Kraft, sodass Sie auch hohe Ziele erreichen können.

Sie brauchen

Steifen Draht

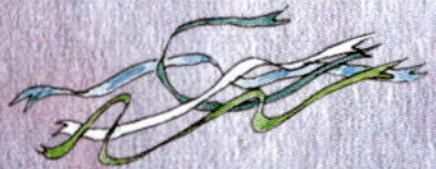

Hellblaue, hellgrüne und silberne Bänder
•
Goldfarbenes Papier
•
Eine Schere
•
Glöckchen
•
Silberfarbenen Zwirn
•
Ein rotes Band
•
Räucherstäbchen

Die Fische, das zwölfte Sternzeichen des Tierkreises, schwimmen in verschiedene Richtungen, sind aber durch einen Leine verbunden. Dieses Bild symbolisiert Dualität und den Kampf der Seele im materiellen Körper. Im Feng Shui werden Fische dazu benutzt, an »toten« Plätzen Energie aufzuwirbeln. In der Magie schenken sie uns Energie und Inspiration.

Das Ritual

Formen Sie einen Ring aus steifem Draht und befestigen Sie hellblaue, hellgrüne und silberne Bänder daran. Schneiden Sie aus goldfarbenem Papier zwei Fische zu und hängen Sie sie mit einigen Glöckchen an das Mobile, sodass sie frei schwingen. Denken Sie dabei an alte Pläne, die Sie endlich anpacken müssten, oder an hohe Ziele, die schwer zu erreichen sind. Betrachten Sie die Glöckchen, Bänder und Fische – sie alle sind Symbole der Energie und der Inspiration. Hängen Sie das Mobile an einem roten Band in eine Ecke, wo Zugluft es bewegt.

Zünden Sie ab und zu ein Räucherstäbchen an und legen Sie es in die Nähe des Mobiles, sodass der Duft sich mit demselben Luftzug ausbreitet. Jedes Mal, wenn das Mobile sich bewegt, zieht es Ihre Hoffnungen und Wünsche näher heran.

KAPITEL IV

Küchen-hexerei

In den Schränken und Schubladen der Küche befinden sich viele Dinge, die Ihnen Glück und Harmonie bringen können. Überlegen Sie, welche Wünsche Sie haben, und bereichern Sie Ihr Leben mit den Aromen magischer Kräuter, Gewürze und Früchte.

Magie aus dem Herzen des Hauses

Pflanzen, Kräuter und Gewürze aus Ihrer Küche können Bestandteil magischer Rituale sein. Wenn Sie die Pflanzen selbst anbauen, nehmen Sie am besten frische Blätter oder Stiele; aber getrocknete Kräuter sind ebenfalls geeignet. Sie können Pflanzen als Talismane und Glücksbringer verwenden, heilende Tees daraus bereiten und sich damit vor Unglück schützen.

Die Hexenküche

Die Küche ist traditionell das Herz des Hauses, denn dort wird das Essen zubereitet, und dort findet man auch viele Gegenstände, die einst Hexen und Magier verwendet haben, zum Beispiel den Besen aus Birkenzweigen mit einem Stil aus der heiligen Esche. Tassen und Schalen werden in zahlreichen Ritualen benötigt; Pfannen haben den Hexenkessel abgelöst, in dem Zaubertränke gebraut wurden; und im Teekessel kann man auch Kräuter kochen. Gewürze haben besondere Eigenschaften; sie bringen Gesundheit und Weisheit, Freude und Schutz. Die meisten Kräuter und Gewürze, die man essen kann, eignen sich auch für magische Rituale.

Eine traditionelle Hexe mit Besen

Die Küchentradition

Früher wurden viele wild wachsende Kräuter gesammelt, um damit Stoffe zu färben oder Zaubertränke zu kochen. Darum war es sehr wichtig, diese Pflanzen zu kennen. Das Wissen wurde von einer Generation an die andere weitergegeben, und in vielen Dörfern gab es Männer und Frauen, die wussten, wie man mit Pflanzen heilt. Später nannte man diese Menschen Hexen, weise Frauen oder Magier. Sie hielten die magischen Künste am Leben und bewahrten und vertieften ihre Kenntnisse.

Als die ersten Bücher erschienen, anfangs noch als handgeschriebene Manuskripte, später gedruckt, erwarben die

Hexen neues Wissen aus alter Zeit und aus anderen Ländern.

Sie praktizierten Pflanzenmagie, verstanden die Macht der Jahreszeiten und wussten, wann die Zeit günstig war, um zu zaubern, wahrzusagen und zu heilen. Sie beobachteten ihre Umwelt genau: die ersten Blüten im Frühling, den Vogelzug, die Wolken und ihre Nachbarn. Das alles half ihnen, in die Zukunft zu sehen und Ratschläge zu geben. Sie arbeiteten mit den Kräften der Natur, mit Steinen und Zweigen, reinem Wasser und dem Sternenhimmel. Ein großer Teil dieses Wissens ist erhalten geblieben, aber wir können es nur anwenden, wenn wir die Regeln genau einhalten, niemandem schaden und nur uns selbst ändern wollen.

Moderne Magie

Die folgenden Zaubersprüche sind uralt, aber sie wirken auch heute, wenn Sie die alte Magie mit Respekt behandeln. Bereiten Sie jedes Ritual sorgfältig vor und legen Sie vorher alle notwendigen Zutaten bereit – Zwirn, Gewürze, Behälter und so weiter. Sie können aus einem tiefen Brunnen der Weisheit schöpfen und die Macht der Natur nutzen, um erfolgreich zu zaubern und Glück im Leben zu haben, so wie Ihre Urahnen in der alten Zeit.

Das Handwerkszeug der modernen Magie

Minzen bringen Münzen

Die Minze kann Ihren Wohlstand vergrößern.

Sie brauchen

Grünen Filz

•

Grünen Zwirn und eine Nadel

Zehn ganze, getrocknete Minzenblätter

•

Himmelblaues Papier und Bleistift

•

Vier goldfarbene Kerzen

Vier verschiedene Münzen

Die Minze wird als Heilkraut und Gewürz verwendet, aber ihr Name erinnert auch an die Münze (Geldstück und Prägeanstalt). Mit diesem Kraut können Sie manchmal einen kleinen Geldbetrag herbeizaubern. Wenn Sie etwas kaufen oder erreichen wollen, ist ein spezieller Zauberspruch wirksamer. Der folgende Spruch hilft Ihnen, wenn Sie ein wenig Bargeld für die restliche Woche brauchen.

Das Ritual

Nähen Sie einen Beutel aus grünem Filz (grün symbolisiert die Minze und Geld), und legen Sie zehn getrocknete Minzenblätter hinein. Schreiben Sie eine Geldsumme (am besten unter 100 Euro) auf ein Blatt himmelblaues Papier (es symbolisiert das Geld »aus heiterem Himmel«). Legen Sie den Beutel auf einen Tisch, stellen Sie eine goldfarbene Kerze auf jede Ecke des Papiers und legen Sie je eine Münze (mit verschiedenem Wert) daneben. Zünden Sie die Kerzen an, und singen Sie:

»Herr der Minze, ich ruf' zu dir,
ein paar Münzen schicke mir.
Ich zahl' dafür, das glaube mir,
mit meiner Arbeit dank ich dir.«

Tanzen Sie viermal um die Kerzen. Setzen Sie sich dann ruhig hin, halten Sie den Beutel in den Händen und überlegen Sie, ob ein Lottogewinn, eine neue Arbeit oder ein säumiger Schuldner Ihnen helfen könnte. Vielleicht sind Sie bald ein wenig reicher!

Rosmarin stärkt das Gedächtnis

Ein Zauberspruch, der Erinnerungen weckt.

Sie brauchen

Vier frisch gepflückte Rosmarinzweige

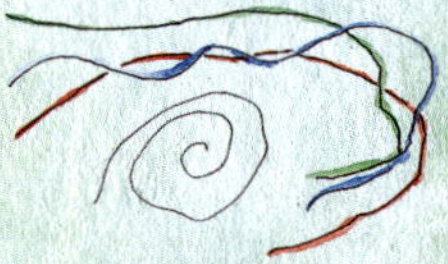

Hellblauen, dunkelgrünen, roten und weißen Zwirn

Ein grünes Band

Rosmarin ist ein wundervolles Kraut, das man als Gewürz, als Tee oder als Räucherwerk verwenden kann. Bienen lieben die blauen Blüten, und die Blätter sorgen dafür, dass Kleider im Schrank lieblich duften. Nach der Überlieferung stärkt die Pflanze das Gehirn und das Gedächtnis. Auch im Hamlet heißt es: »Hier ist Rosmarin für die Erinnerung«. Bei Beerdigungen trug man früher Rosmarinzweige. Nutzen Sie also die Kraft des Rosmarins, um Ihr Gedächtnis aufzufrischen!

Das Ritual

Pflücken Sie an einem trockenen, sonnigen Tag nacheinander vier Rosmarinstiele und sagen Sie dabei:

»Der erste Zweig erinnert mich an alles, was ich tu, vom Mai bis zum Dezember. Der zweite sagt: »Vergiss all deine Freunde nicht!« im Frühling wie im Herbst. Der dritte hält die guten Zeiten wach. Der vierte will, dass niemand, der mich liebt, mich je vergisst.«

Legen Sie die Zweige so aneinander, dass je zwei in eine Richtung zeigen, und binden Sie sie mit Zwirn zusammen: Hellblau für die Blüten, Dunkelgrün für die Blätter, Rot für die Stiele und Weiß für die Unterseite der Blätter. Hängen Sie das Bündel an einem grünen Band an einem Platz auf, den Sie jeden Tag sehen. Es erinnert Sie täglich an die Dinge, die Sie nicht vergessen dürfen.

Salbei macht weise

Mit Salbei werden Sie ein bisschen weiser.

Sie brauchen

Neun frisch gepflückte Salbeipflanzen

Die Symbole der vier Elemente: einen Stein, eine Schale mit Wasser, eine rote Kerze und ein Räucherstäbchen

•

Wenn Sie keinen Garten haben: einen mit Erde gefüllten Blumentopf

Der Salbei gilt seit alten Zeiten als Heil- und Zauberkraut. Im Mittelalter glaubte man, der tägliche Verzehr einiger Salbeiblätter verlängere das Leben. Die Indianer ließen getrocknete Salbeibündel schwelen, um heilige Orte zu reinigen. Vor allem aber ist der Salbei als Kraut der Weisheit bekannt. Der folgende Zauberspruch hilft Ihnen, durch Erfahrung weiser zu werden.

Das Ritual

Pflücken Sie bei zunehmendem Mond neun Salbeipflanzen vor der Blüte. Machen Sie dann mit den vier Symbolen der Elemente (siehe Der Geist des heiligen Ortes Seite 32) einen Altar. Legen Sie die Symbole an den Rand des Altars und formen Sie in der Mitte einen Kreis aus den Salbeizweigen, die alle in die gleiche Richtung zeigen sollten. Zünden Sie die Kerze an und halten Sie die Hände über den Salbeiring. Versuchen Sie, seine Energie zu spüren, und singen Sie:

*»Im Zauberring, im Salbeikreise
wirken magische Kräfte und machen mich weise.«*

Nehmen Sie ein Blatt und kauen Sie es. Visualisieren Sie, wie es Einsicht, Vernunft und Weisheit weckt. Die anderen Pflanzen setzen Sie in den Garten oder in einen Blumentopf. Wenn sie wachsen, schenken sie Ihnen Weisheit bis ans Ende Ihres Lebens.

Thymian gegen Zeitdruck

Magie und Thymian helfen Ihnen, Stress abzubauen.

Sie brauchen

Einen Topf mit wachsendem Thymian

•

Silberfolie

•

Papier und Bleistift

Duftöle

Kerzen

Einen schwarzen Stift

In unserer hektischen Welt haben viele Menschen kaum noch Zeit, alle ihre Pflichten zu erfüllen. Oft haben wir sogar das Gefühl, dass unsere Zeit nicht mehr uns gehört. Der folgende Zauberspruch hilft Ihnen, ein wenig freie Zeit zurückzugewinnen.

Das Ritual

Nehmen Sie sich sieben Tage lang jeweils 15 Minuten Zeit. Am ersten Tag wickeln Sie einen Topf mit Thymian in Silberfolie (das symbolisiert die Kraft des Geistes). Entspannen Sie sich und atmen Sie ein paar Minuten lang tief. Schreiben Sie auf, was Sie gerne tun würden, wenn Sie Zeit hätten, und legen Sie das Blatt Papier unter den Topf. Am zweiten Tag nehmen Sie bei Kerzenlicht ein Bad mit Duftölen und denken über Ihre Liste nach. Ergänzen Sie die Liste, gießen Sie die Pflanze und sprechen Sie sanft zu ihr. Am dritten Tag notieren Sie, was Ihnen Zeit stiehlt. Am vierten Tag wählen Sie etwas Entspannendes aus Ihrer ersten Liste und tun es. Sagen Sie:

»Diese Zeit gehört mir, und ich nutze sie nach meinem Willen. Niemand sonst kann meine Wünsche erfüllen.«

Am fünften Tag erzählen Sie dem Thymian, was Ihnen Freude oder Kummer bereitet. Am sechsten Tag probieren Sie etwas aus, was Sie schon immer probieren wollten. Am siebten Tag streichen Sie auf Ihrer zweiten Liste einen der Zeiträuber mit einem schwarzen Stift durch. Denken Sie daran, dass Sie Ihr Leben wieder in den Griff bekommen können! Wiederholen Sie dieses Ritual, so oft es nötig ist.

Eine Schatzsuche

Säubern Sie Ihre Küche mit Magie und
finden Sie dabei verborgene Schätze.

Sie brauchen

Ein altes Laken

•

Eine überfüllte Schublade oder einen unaufgeräumten Schrank

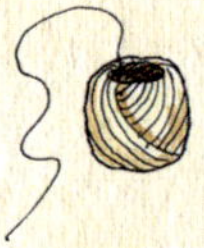

Neuer Zwirn

Einen aufrecht stehenden Behälter, z. B. eine große Dose oder einen Karton

Eine künstliche Blume

•

Ein hübsches Tapetenstück oder Schubladenpapier

Niemand liebt die Küchenarbeit – aber auch sie kann Spaß machen, wenn Sie Ihre Phantasie und ein wenig Magie nutzen. Sie können aufräumen und dabei noch einen verborgenen Schatz finden!

Das Ritual

Breiten Sie ein Tuch auf einer ebenen Fläche aus und leeren Sie den Inhalt einer Schublade oder eines Schrankes darauf. Singen Sie dabei:

»Ohne dass ich danach such', finde ich Schätze
auf diesem Tuch. Die Suche ist kurz, ich habe Glück,
lass' alles aufgeräumt zurück.«

Fädeln Sie einige Dinge an einer Schnur auf, und legen Sie sie im Kreis auf das Tuch. Lange Gegenstände stellen Sie in die Mitte. Sprechen Sie dann einen Vers zu einigen Objekten, zum Beispiel:

»Ich weiß, dass sich das Putzen lohnt,
bald sollt ihr glänzen wie der Mond.«

Vielleicht entdecken Sie dabei ein kleines Schmuckstück – den verborgenen Schatz. Kleiden Sie die Schublade oder den Schrank mit Papier aus und legen Sie die Dinge zurück, die sie aufheben wollen. Damit man sieht, welche Wunder die Magie gewirkt hat, befestigen Sie eine Blume am Griff. Sagen Sie dann:

»Jetzt ist alles wieder fein, dank der Magie. So soll es sein!«

Versiegelter Zauberspruch

Harmonie in der Küche

Magie hilft Ihnen, die Küche zu einem angenehmen Aufenthaltsort für die Familie zu machen.

Sie brauchen

Holzlöffel

Dinge zum Schmücken, zum Beispiel bunte Bänder, künstliche Blumen, Bilder und Fotos

In der alten Zeit kochte man über einem Feuer in der Mitte des großen Wohnraumes. Nach und nach wurde diese wichtige Arbeit in einen besonderen Raum verlagert. Heute beginnen beide Bereiche wieder zu verschmelzen, und die Küche wird erneut zum Herz des Hauses. Magie trägt dazu bei, Frieden, Liebe und Freude in die Küche zu bringen.

Das Ritual

Die Küche kann zum harmonischen Mittelpunkt des häuslichen Lebens werden. Bemalen und dekorieren Sie mit Ihrer Familie einige Holzlöffel mit bunten Bändern, glitzernden Dingen, Bildern und so weiter. Sprechen Sie dabei im Chor:

»Hölzerne Löffel, hübsch seht ihr aus.
Schöpft Frieden und Harmonie ins Haus.
Bringt Freude und Liebe und Spaß herein
für jedermann. So soll es sein!«

Befestigen Sie die Löffel an der Küchentür, verlassen Sie die Küche und gehen Sie dann nacheinander wieder hinein.

Gewürze bringen Glück

Würzen Sie Ihre Kochkunst mit Magie!

Sie brauchen

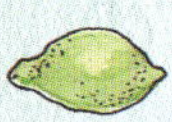

Eine kleine Zitrusfrucht, Gewürznelken und Iriswurzelpulver

•

Ein Glas mit großer Öffnung und Deckel

•

Einen kleinen Löffel, Gewürze, Fotos von Speisen

•

Trockenen weißen Reis

•

Mehl

•

Eine weiße Kerze

Manche Köchinnen befolgen Rezepte peinlich genau, andere wissen intuitiv, wie viel Salz, Zucker und andere Zutaten sie brauchen oder verlassen sich auf ihr Glück und ihre Erfahrung. Wenn Sie mühelos und dennoch erfolgreich kochen wollen, müssen Sie ein wenig zaubern.

Das Ritual

Machen Sie eine Duftkugel, indem Sie Gewürznelken in eine kleine Zitrusfrucht stecken und die Frucht in Iriswurzelpulver tauchen. Hängen Sie die Frucht auf, damit sie trocknet. Legen Sie Symbole Ihrer Kochkünste in ein Glas, zum Beispiel einen kleinen Löffel, Gewürze oder Bilder Ihrer Lieblingsgerichte. Füllen Sie das Glas mit trockenem weißem Reis auf. Legen Sie die Duftkugel oben ins Glas, um Enttäuschungen zu verhindern. Verschließen Sie das Glas und stellen Sie es in der Küche auf. Formen Sie mit Mehl einen Kreis um das Glas, zünden Sie eine weiße Kerze an und sagen Sie:

»Liebes Glücksglas, sei sympathisch,
mach meine Speisen aromatisch.
Und lade ich mal Freunde ein,
lass meine Kochkunst lecker sein!«

7. 8. 11.

Raus mit dem Ungeziefer

Magie vertreibt selbst die hartnäckigste Maus.

Sie brauchen

Ein Foto einer Maus

Kampfer- oder Mottenkugeln

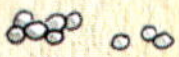

Drei schwarze Kerzen

Linsen oder andere harte Körner, die Mäusen nicht schmecken

Einen Strohbesen

Manche Hexen behaupten, sie könnten mit Tieren sprechen. Sie bitten Tiere um Hilfe und überreden Plagegeister zu verschwinden. Dabei verwenden sie eine Sprache sowie Kräuter und Gewürze, die den unerwünschten Gästen missfallen. Die Magie verstärkt die Wirkung solcher Mittel. Selbst die störrischste Maus ist dagegen machtlos.

Das Ritual

Besorgen Sie sich ein Foto der Mäuseart, die Sie belästigt, sowie altmodische Kampfer- oder Mottenkugeln. Legen Sie die Kugeln kreisförmig um das Mäusebild herum. Zünden Sie drei schwarze Kerzen an, die im Dreieck vor dem Kreis stehen, und formen Sie einen Ring aus Linsen (oder anderen harten Körnern, die Mäuse nicht mögen) um die Kerzen herum. Singen Sie dabei:

»Maus, Maus, verlass mein Haus,
geh samt deinen Freunden raus!
Mit diesem Besen wisch' ich dich fort,
komm nie zurück an diesen Ort!«

Werfen Sie die Linsen im Freien weg, möglichst weit von Ihrem Haus entfernt. Legen Sie eine Mottenkugel an jede Stelle, an der Sie die Maus ertappt haben. Kehren Sie jeden Raum, in dem die Maus beobachtet wurde, mit einem Strohbesen symbolisch aus. Das lästige Tier wird nie zurückkommen!

KAPITEL V

Traumgespinste

Alle Menschen träumen, und unsere Träume sind Tore zur magischen Welt in unserem Inneren. Wenn Sie lernen, sich an Träume zu erinnern, sie zu deuten und sogar zu lenken, haben Sie Zugang zu wertvollem Wissen. Sie können faszinierende Abenteuer erleben, alten Freunden begegnen, Probleme lösen und in die Zukunft blicken. Mit etwas Übung können Sie Ihre Träume beeinflussen und Kraft und Inspiration aus ihnen schöpfen.

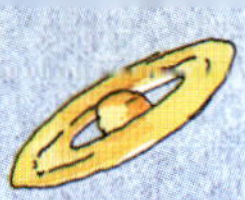

Einsicht durch Träume

Viele Bilder, Transformationen und Wirkungen der Magie spielen sich auf einer anderen Ebene ab, die »Astralebene« genannt wird. Darum müssen wir einen Weg in diese Welt der Visionen finden. Zwar können wir diese innere Dimension ohne Mühe erreichen; aber wir brauchen Übung, wenn wir klare Erinnerungen zurückbringen wollen. Das Unbewusste behütet nämlich seine Geheimnisse, und Magier müssen den Schlüssel finden, der diese verborgene Schatztruhe öffnet. Den Weg nach innen finden wir durch Träume, Tagträume, Meditation und Visualisieren.

Das Traumtagebuch

Obwohl manche Menschen sich nicht an ihre Träume erinnern, träumen wir alle, wenn wir schlafen. Ein Traumtagebuch ist einer der besten Schlüssel zur Welt der Träume und Erinnerungen. Legen Sie das Buch auf den Nachttisch und daneben einen Bleistift. Sobald Sie aufwachen – selbst mitten in der Nacht –, schreiben Sie auf, woran Sie sich erinnern, auch wenn es nur flüchtige Eindrücke sind. Während des Tages stellen sich manchmal weitere Erinnerungsbruchstücke ein, die Sie natürlich ebenfalls notieren. Mit der Zeit werden die Bilder klarer und detaillierter. Träume sagen manchmal die Zukunft voraus oder bieten Lösungen für Probleme an; aber das nützt Ihnen nur dann etwas, wenn Sie sich am Morgen auch noch daran erinnern.

Ein Traumtagebuch

Traumdeutung

Unsere Träume gewähren uns Einblicke in andere Welten und verraten ihren Sinn durch Bilder, Symbole und Scherze. Es gibt viele Bücher, die Träume

deuten wollen; aber die Symbolik ist oft sehr persönlicher Natur. Wenn Sie zum Beispiel von einem Geschenk träumen, kann es sich um einen Gegenstand, aber auch um eine Heilung handeln. Es kann aber auch eine Aufforderung sein, sich selbst mehr Zeit zu schenken.

Wie dem auch sei – bevor Sie Ihre Träume deuten können, müssen Sie sich an sie erinnern. Die folgenden Zaubersprüche helfen Ihnen, die verborgenen Aspekte Ihres schlafenden Geistes zu enthüllen. Anfangs kann es schwierig sein, Träume festzuhalten, aber der Versuch lohnt sich. Manchmal kann ein »Traumfänger« helfen, wie die Indianer ihn benutzen. Nützlich ist es auch, mit einem guten Freund über Träume zu reden und Ideen und Einsichten auszutauschen. Manchmal sehen Freunde im Traum die gleichen Symbole oder Personen. Je mehr Sie darüber wissen, desto tiefer dringen Sie in Ihre verborgene innere Welt ein, die vielleicht manches besitzt, was Sie in der realen Welt vermissen. Wenn Sie im Traum Probleme lösen oder Ungeheuer besiegen können, warum versuchen Sie es dann nicht auch nach dem Erwachen? Lassen Sie sich doch von Ihren eigenen Fähigkeiten überraschen!

Tagträume

Auch Tagträume, Meditation und schöpferisches Visualisieren können Hilfsmittel für die Magie sein, denn sie ermöglichen uns Zwiegespräche mit dem inneren Selbst und geben uns wertvolle Ratschläge. Die magischen Sprüche in diesem Kapitel stärken das Band zwischen dem schlafenden und wachenden Geist, sodass Sie sich an Ihre Träume erinnern und daraus Nutzen ziehen können.

Ein Traumfänger hilft Ihnen, nächtliche Einsichten und Ideen einzufangen.

Ein Mondzauber

Magie hilft Ihnen, sich besser an Ihre Träume zu erinnern.

Sie brauchen

Papier und Bleistift

•

Ein Stück Baumwolle, etwa 50 x 25 cm

•

Weißen Zwirn und eine Nadel

Jasmin, Hopfen, Klatschmohn, Rosen, Lavendel (getrocknet)

•

Eine schwarze, eine weiße und zwei silberfarbene Kerzen

Schlafforscher glauben, dass Träume unterschiedliche Aspekte unserer Psyche und unserer Umwelt verarbeiten, zum Beispiel Lebensverhältnisse, Beziehungen und Erfahrungen. Wenn das stimmt, können Träume uns helfen, unsere Gedanken und Gefühle zu verstehen. Leider erinnern wir uns nicht immer an unsere Träume, sodass wir nur wenig aus ihnen lernen. Der folgende Zauberspruch hilft dem Gedächtnis auf die Sprünge.

Das Ritual

Schreiben Sie Ihre Träume auf, so gut es geht. Vermerken Sie auch die jeweilige Mondphase, damit Sie wissen, wann Sie sich am besten an Träume erinnern. Nähen Sie ein kleines Kissen aus Baumwolle (etwa 25 x 13 cm groß), und füllen Sie es locker mit getrockneten Blumen, die eine Beziehung zum Mond haben (siehe links). Zünden Sie an einem Neumondabend eine schwarze, eine weiße und zwei silberfarbene Kerzen an. Sie symbolisieren die Mondphasen: dunkel, neu, zunehmend und abnehmend. Legen Sie das Traumkissen unter Ihr Kopfkissen und sagen Sie:

»Blumen der Nacht, Blumen der Magie,
meine Träume sind klar, ich vergesse sie nie.
Und der Mond in all seiner Pracht
Verrät mir, was ich erlebt hab' in der Nacht.«

Notieren Sie mindestens zwei Monate lang jeden Traum, auch Bruchstücke. Nach und nach wird Ihr Gedächtnis besser, und Sie erkennen Muster in Ihren Träumen.

Albträume verscheuchen

Jagen Sie Albträume zum Teufel, damit Sie wieder friedlich und erholsam schlafen können.

Sie brauchen

Eine violette oder purpurfarbene Kerze

Eine Kupfer- und eine Silbermünze

Einen kleinen Kieselstein

Eine weiße Schnur, mindestens 14,5 m lang

Die meisten Menschen leiden irgendwann an Albträumen, oft wenn sie unter Stress stehen oder wenn ihr Leben sich einschneidend verändert hat. Mit Hilfe der Magie können Sie Albträumen Angst einjagen und wieder ruhig schlafen. Der folgende Zauber wirkt am besten bei abnehmendem Mond.

Das Ritual

Zünden Sie eine violette Kerze an, denn mit dieser Farbe können Sie die Macht des Mondes herbeirufen. Legen Sie eine Kupfermünze auf den Boden unter die obere linke Ecke Ihres Bettes, eine Silbermünze unter die obere rechte Ecke und einen Kieselstein unter die Mitte. An der oberen rechten Ecke befestigen Sie außerdem eine weiße Schnur. Wickeln Sie die Schnur im Uhrzeigersinn um das Bett, sodass das andere Ende auf dem Fußboden liegt. Singen oder sprechen Sie dabei:

»Ich winde, ich winde,
alle Ängste ich binde,
böse Träume verjage,
schlafe gut bis zum Tage.«

Binden Sie das Ende der Schnur irgendwo fest, um den Kreis zu schließen. Wenn Sie zu Bett gehen, denken Sie an die magischen Objekte, die Sie umgeben und Ihnen Ruhe und Sicherheit schenken. Wiederholen Sie die Verse, wenn Sie wollen.

Süße Träume

Magie zeigt Ihnen Menschen, die Sie vermissen, im Traum.

Sie brauchen

Ein Bild des Menschen, den Sie vermissen

Einen silberfarbenen Bilderrahmen

Kleine Papiersterne

Die Menschen, die Sie lieben und die fern von Ihnen sind, sehen denselben Himmel, denselben Mond und – wenn sie sich nicht auf der anderen Hemisphäre befinden – dieselben Sterne. Denken Sie daran, und Sie fühlen sich ihnen näher. Ein magischer Spruch sorgt dafür, dass geliebte Menschen Ihnen im Traum erscheinen.

Das Ritual

Suchen Sie sich am Nachthimmel einen Stern aus. Wenn keiner zu sehen ist, können Sie ihn sich vorstellen. Sehen Sie dann vor Ihrem geistigen Auge am Himmel neben diesem Stern die lachenden Gesichter der Menschen, die Sie vermissen. Stellen Sie sich vor, dass auch sie den Stern und Ihr Gesicht sehen und Ihre Stimme hören. Sprechen Sie den folgenden Zauberspruch, damit Sie von den geliebten Menschen träumen:

»Der Stern, der dort am Himmel lacht,
bringt süße Träume mir heut' Nacht.
Mein Schatz, auch wenn das Auge weint,
sind wir im Herzen doch vereint.«

Stecken Sie ein Bild des geliebten Menschen in einen silberfarbenen Rahmen und stellen Sie es aufs Fensterbrett, sodass die Sterne darauf scheinen und Ihnen süße Träume bringen. Kleben Sie jeden Abend ein paar Sterne auf den Bilderrahmen, bis Sie einander wiedersehen.

Versiegelter Zauberspruch

Die Macht der Traumsymbole

Lernen Sie, Träume zu beeinflussen.

Sie brauchen

Ein Traumtagebuch

Ein Buch über Traumsymbole

?

Bilder der magischen Symbole, die Sie im Traum sehen möchten

Sobald Sie sich an Ihre Träume erinnern (siehe dazu Seite 112–113), sollten Sie auf die Symbole achten, die darin vorkommen.

Das Ritual

Singen Sie vor dem Einschlafen diesen Zauberspruch, damit Sie sich an Traumsymbole erinnern:

»Bald schlafe ich sanft im Mondenschein,
Symbole und Bilder stellen sich ein.
Sie zeigen mir den rechten Pfad,
und geben mir erwünschten Rat.«

Deuten Sie die Symbole mit Hilfe eines Traumbuches. Sie können auch Symbole visualisieren, damit sie in Ihren Träumen erscheinen. Häufige Symbole sind:

Ein Haus Das Haus steht für Ihr Leben, und dunkle Räume sind unerforschte Lebensbereiche. Visualisieren Sie ein Haus mit offener Tür, damit Sie Ihre verborgenen Talente entdecken.

Ein Vogel Der Vogel symbolisiert eine Reise oder Flugreise. Betrachten Sie vor dem Einschlafen das Bild eines Vogels und einige echte Federn, damit Sie von Reisen träumen.

Eine Menschenmenge Eine applaudierende Menschenmenge bedeutet Erfolg. Sehen Sie dieses Bild vor dem geistigen Auge, damit Sie Erfolg haben.

Please

Magische Tagträume

Auch Tagträume können Probleme lösen und Stress lindern.

Sie brauchen

Silberpapier oder -folie

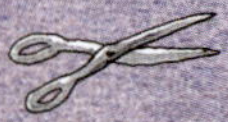

Eine Schere

Einen Kugelschreiber

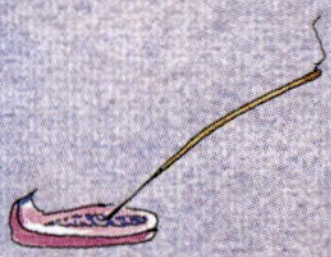

Ein Räucherstäbchen mit beruhigendem Duft

Wir leben in einer hektischen Welt, und unsere Lebensweise begünstigt die Bildung schädlicher Schlacken im Körper. Krankheiten und Unbehagen können die Folge sein. Die Magie hilft Ihnen, jeden Tag ein paar Minuten Zeit zum Tagträumen zu finden, damit Sie Stress abbauen und Probleme lösen können.

Das Ritual

Schneiden Sie aus Silberpapier einen Kreis zu (Silber zieht die Kräfte des Mondes an) und legen Sie ihn auf eine weiche Unterlage. Schreiben Sie Ihre Initialen mit Kugelschreiber in Spiegelschrift auf die Rückseite des Papiers, sodass sie auf der Vorderseite als Relief zu sehen sind. Zünden Sie ein Räucherstäbchen an und legen Sie die Hände rechts und links neben den Kreis. Denken Sie an den schönsten Ort, den Sie kennen – den Sie bereits besucht haben oder gerne besuchen würden. Visualisieren Sie an diesem Ort eine große Tür. Gehen Sie hindurch. Jetzt ändert sich die Szene. Sie sind mit einem Problem konfrontiert, das Ihnen zu schaffen macht. Sie schauen sich um und entdecken Hinweise, die Sie zur Lösung führen. Nehmen Sie diese Hinweise in sich auf und kehren Sie dann in die Realität zurück, entspannt und ruhig. Notieren Sie, was Sie gesehen und gehört haben.

& Das Traumrad

Ein Talisman bringt Ihnen klugen Rat im Schlaf.

Sie brauchen

Steifen Karton (keine Wellpappe), 20 cm breit

•

Eine Schere oder einen Cutter

•

Silberfarbenen, blauen, weißen, hellgrünen und rosa Zwirn und eine Nadel

•

Glitzerndes Pulver oder Metallicfarbe

•

Kleine Perlen in hellen Farben, Federn, Quasten usw.

•

Eine Schnur

Der Traumfänger der Indianer ist ein Kranz aus dünnen Zweigen mit einem Netz in der Mitte, geschmückt mit bunten Perlen. Man fängt damit gute Träume ein, während die schlechten Träume durchrutschen. Traumräder werden etwas anders gemacht und haben auch einen anderen Zweck. Sie versetzen uns in einen Traumzustand, in dem wir den Rat finden, den wir suchen.

Das Ritual

Schneiden Sie einen Kreis oder einen Ring aus steifem Karton. Nähen Sie mit silberfarbenem Zwirn Speichen quer über den Kreis wie bei einem Rad. Befestigen Sie ein paar bunte Perlen in der Mitte des »Rades«, und wickeln Sie den Zwirn im Uhrzeigersinn spiralig um jede Speiche. Verzieren Sie den Karton mit glitzerndem Pulver oder mit Metallicfarbe sowie mit hellen Perlen oder anderem Dekor. Sagen Sie dabei:

»Heut' Nacht find' ich Ruh'.
Der Mond flüstert mir zu
den Rat, den ich brauch'.
Süße Träume schickt er mir auch.«

Hängen Sie das Rad über Ihrem Kopfkissen auf und betrachten Sie es, wenn Sie zu Bett gehen, bis Sie sich entspannt fühlen. Bald werden Sie im Reich Ihrer Träume schweben und den guten Rat finden, den Sie tagsüber vergeblich gesucht haben.

Ein Brief Ihrer Seele

Mit Magie können Sie auch Verstorbene erreichen.

Sie brauchen

Acht Kerzen, weiß oder bunt gemischt (weiß, silberfarben, dunkelblau)

•

Füller und Schreibpapier in Ihrer Lieblingsfarbe

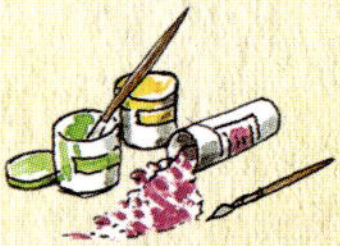

Glitzerndes Pulver, Metallicfarbe oder anderen Dekor

•

Einen feuerfesten Behälter, zum Beispiel einen Eimer aus Metall

Wenn ein geliebter Mensch stirbt oder fortgeht, haben w oft das Gefühl, etwas versäumt zu haben. Wie gerne hätt wir ihm noch gesagt: »Ich liebe dich« oder »Es tut mir leid« – aber es ist zu spät. Viele Magier glauben an das Gesetz des Karma, das uns die Verantwortung für alles überträgt, was wir denken, sagen und tun. Vielleicht habe Sie jemandem weh getan oder Ihre Zuneigung vorenthalte Das sind karmische Schulden. Wenn Sie einen Seelenbrie schreiben, können Sie diese Schulden tilgen.

Das Ritual

Denken Sie gründlich darüber nach, was Sie dem Menschen sagen wollen, den Sie verloren haben. Zünden Sie acht weiß Kerzen an, die in einer Reihe stehen. Sie können auch weiße silberfarbene und dunkelblaue Kerzen mischen (das sind »Seelenfarben«). Schreiben Sie dann Ihren Brief auf einem Blatt Papier in Ihrer Lieblingsfarbe. Sorgen Sie dafür, dass Si dabei ungestört sind, und schütten Sie Ihr Herz aus, auch wenn Sie kein brillanter Stilist sind. Es kann sein, dass Ihre Gefühle Sie überwältigen oder dass Sie sogar weinen. Nehmen Sie sich Zeit und unterschreiben Sie den fertigen Brief. Verbrennen Sie ihn dann in einem feuersicheren Behälter und schauen Sie zu, wie er zu Asche wird. Verstreuen Sie die Asche auf der Erde oder in einem Fluss, oder lassen Sie die Flocken vom Wind forttragen. Der Adressat wird Ihr Botschaft ganz gewiss empfangen.

Reinigung vom Seelenfeld.

Traumtee

Ein Beruhigungstee fördert den Schlaf und klare Träume.

Sie brauchen

1 Tl getrocknete Kamillenblüten

•

1/2 Tl getrocknete Pfefferminze

•

Ingwerpulver

•

Muskatpulver

•

Einen Löffel und eine Schüssel

•

Ein Sieb

•

Flüssigen Honig und frischen Zitronensaft

•

Einen sauberen Becher

Kräuter wurden im Laufe der Geschichte in fast jeder Kultur verwendet. Überall wachsen Pflanzen, die Schmerzen dämpfen, Fieber kühlen, Krankheiten lindern und den Schlaf fördern. Viele dieser Kräuter sind heute in Apotheken und Drogerien erhältlich, sodass auch Unerfahrene davon profitieren können. Achten Sie aber darauf, dass das Kraut für Ihre Zwecke geeignet ist, und kaufen Sie nur von einer seriösen Quelle. Auch wenn Sie besser einschlafen und klarer träumen wollen, hilft Ihnen ein Kräutertee.

Das Ritual

Mischen Sie einen Teelöffel getrocknete Kamillenblüten, einen halben Teelöffel getrocknete Pfefferminze, ein wenig Ingwerpulver und eine Prise Muskat in einer Schüssel. Gießen Sie 300 ml kochendes Wasser hinein, und lassen Sie die Kräuter fünf Minuten ziehen. Rühren Sie einige Male um und sagen Sie dabei:

»Süße Kräuter in diesem Tee,
macht, dass ich Träume klarer seh'.«

Seihen Sie die Mixtur in einen sauberen Becher ab. Trinken Sie den Tee warm oder kalt, mit oder ohne Zitrone und Honig. Schon wenige Schlucke erleichtern das Einschlafen und sorgen für klare Träume.

Register

Danksagungen

Der Verlag bedankt sich bei dem Model Alicia Ryan von BMA und für die Abbildungen Seite 68 und 116 beim Brooking Architectural Museum Trust, University of Greenwich, Dartford (Sammlung architektonischer Details von 1500 bis heute).